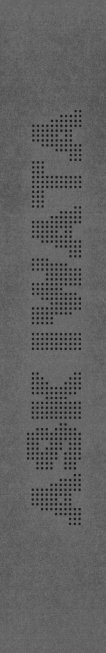

IWATASAN: IWATA SATORU WA KONNAKOTO WO HANASHITEITA.
by Satoru Iwata and Hobonichi Co., Ltd., illustrated by 100%ORANGE
Copyright © Satoru Iwata © Hobonichi, 2019
Illustrations copyright © 100%ORANGE, 2019
All rights reserved.
Original Japanese edition published by Hobonichi Co., Ltd.

This Korean edition is published by arrangement with
Hobonichi Co., Ltd., Tokyo in care of Tuttle-Mori Agency, Inc., Tokyo
throught Danny Hong Agency, Seoul.

닌 텐 도 부 활 의 아 이 콘

이와타씨에게
묻다

ASK IWATA

호보닛칸이토이신문 엮음 | 오연정 옮김

이콘

들어가는 말

이 책은 호보닛칸이토이신문[1]에 게재된 이와타 사토루 씨의 발언을 재구성한 것입니다. 이 중 일부는 닌텐도 웹 사이트에 게재된 〈사장이 묻는다〉에서 발췌했습니다.

이와타씨는 자신이 주인공으로 나오는 미디어 인터뷰를 거의 하지 않는 사람이었습니다. 회사나 프로젝트를 위해 '내가 말하는 것이 가장 합리적이라고 판단되면' 인터뷰에 응하면서도 개인적인 이야기는 부차적으로 말하기 일쑤였습니다.

하지만 많은 이들이 알다시피 이와타씨는 매우 성실하고 일관성 있는 사람이어서, 회사나 개발자를 대표하는 관점에서 말했던 각기 다른 발언들을 모아보니, 여러 개의 원이 겹쳐지는 부분에 다른 색이 나타나듯 '이와타씨 본인의 말'이 자연스레 드러납니다.

---

1 이토이 시게사토가 대표로 있는 호보니치(거의 매일이란 의미)사의 인터넷 신문.

이러한 '이와타씨 본인의 말'을 여러 기사로부터 끄집어내 한 권의 책으로 정리했습니다.

2015년 7월 11일, 이와타씨는 세상을 떠났습니다.

HAL연구소에서 탁월한 프로그래머로 수많은 걸작 게임을 만들었고, 닌텐도 사장에 취임하고 나서는 닌텐도 DS, Wii라는 게임기를 세계에 선보이며 '게임 인구의 확대'에 공헌했던 선량한 사람의 부음에 전 세계 많은 이들이 가슴 아파했습니다.

우리 호보닛칸이토이신문은 1998년 창간 때부터 이와타씨의 협조를 많이 받았습니다. 이와타씨는 주관자인 이토이 시게사토와 매우 친하기도 해서 기회가 있을 때마다 사무실에 들러 시간이 허락하는 한 이토이씨와 이야기를 나누곤 했습니다. 이와타씨는 우리가 기획하는 기사에 흔쾌히 응해주었고, 이와타씨 자신이 기획한 콘텐츠를 호보닛칸이토이신문에 종종 넣어주기도 했습니다.

그래서 이와타씨의 사망 소식을 들었을 때, 전 세계 게임 팬들과 마찬가지로 우리도 혼란스럽고 가슴 한편이 사라지는 듯한 느낌이었습니다.

그럭저럭 시간이 지나 슬픔이 조금은 아물고 대신 이와타씨의 존재가 아스라이 느껴질 무렵, 이와타씨의 책을 만드는 일이 우리의 중요한 임무처럼 느껴졌습니다.

어쨌든 우리는 이와타씨가 했던 많은 말을 밑천으로 가지고 있었으니까요.

미리 말씀드리면, 이 책에 게재한 이와타씨의 말 중 대부분은 웹사이트에서도 찾을 수 있어, 대담기사 등을 주의 깊게 읽다 보면 우연히 마주칠 수 있습니다. 그렇지만 웹사이트의 텍스트는 금세 새로운 말들에 파묻히기 마련이라 어느새 다시는 찾을 수 없게 되기도 합니다.

분명 부담 없이 이와타씨의 말을 반복해서 읽고 싶은 사람도 있을 테고, 향후에 이와타씨를 알게 되어 어떤 사람이었는지 이해하려는 사람도 늘어나리라고 생각합니다.

이와타씨 본인은 생전에, 요청이 있더라도 저서를 출간할 의지는 없었다고 들었습니다. 때문에 그의 이야기를 정리한 책을 열렬히 만들어 낸 것은, 그저 우리 마음이 시킨 일이라고 할 수 있습니다.

그래도 이와타씨는 이 책을 인정해 줄 거라 믿습니다. 이와타씨는 신뢰할 수 있는 환경에서 자신의 의견을 즐겨 말했고, 완성된 기사를 항상 싱글벙글 웃으며 읽어주었습니다. "그런데 여러분의 시간을 들여서 책을 만들 가치가 있을까요?"라고 말할 지도 모르겠지만요.

책을 만드는 동안 많은 이들의 협조를 받았습니다. 닌텐도 주식회사의 여러분, 미야모토 시게루님, 이와타씨의 전 비서인 와키모토 레이코님, 그리고 이와타씨의 부인과 가족 여러분. 책이 나올 수 있도록 허락해주셔서 감사합니다.

이와타씨. 이 이름이 문득 부르고 싶어집니다. 당장이라도 이와타씨가 싱글벙글 웃으며 사무실 문을 열고 들어올 것만 같습니다. 이와타씨의 새로운 이야기를 들을 수 없어 정말 아쉽습니다.

책에 게재된 모든 말에는 이와타씨의 생각과 철학이 녹아 있습니다. 이것은 지금도 우리에게 용기를 북돋아주고 우리가 가는 길을 현실적으로 이끌어주기도 합니다.

이와타씨의 말이 오래도록 많은 사람에게 전해지길 바랍니다.

2019년 7월
호보닛칸이토이신문

이와타씨가 사장이 되기까지

고교시절, 프로그램이 가능한
계산기와의 만남

고등학생 때, 아직 퍼스널 컴퓨터라는 말도 없던 시절에 나는 '프로그램이 가능한 계산기'라는 물건과 만났습니다. 그러고는 수업 시간에 게임을 만들어 옆자리 친구와 놀았습니다. 생각해보면 이것이 게임 그리고 프로그램과의 만남이었지요.

이 계산기는 '휴렛팩커드(HP)^{미국 실리콘밸리에 안착한 기업의} ^{시조로 꼽히는 세계적인 벤처기업}'라는 회사가 만든 제품이었는데 아폴로 소유스 시험계획[2] 때 우주비행사가 가지고 가서 안테나의 각도 계산에 사용했다고 전해집니다. 당시에는 매우 비쌌지만, 설거지 아르바이트를 해서 절반 정도를 저축했더니 나머지는 아버지가 내주셨습니다.

나는 이 계산기에 푹 빠져들었습니다. 전문지 따위는 물론 없었고 아무도 가르쳐주지 않았으므로 어찌 되었든 혼자 하는 격이었습니다. 시행착오를 겪으며 그럭저럭하다 보니 '아, 이런 것도 가능하구나. 저런 것도 가능하네'

---

2 1975년 미국의 아폴로와 소련의 소유스 우주선이 발사, 도킹한 최초의 국제 공동 유인 우주 비행실험.

라고 깨닫게 되더군요.

이 계산기에는 특이하게도 '등호(=)' 키가 없었습니다. 예를 들어 1과 2를 더하려면, '1'을 누른 뒤 '엔터(EN-TER)' 키를 누릅니다. 그리고 '2'를 누르고 마지막으로 '+'을 누릅니다. 어딘가 일본어 어순 같기도 해서, "1과 2를 더하고 3과 4를 곱해서 12를 빼면 얼마입니까?" 이런 식의 형태로 입력해 갑니다. 하지만 '='가 없을 뿐인데 대부분의 사람들은 사용하려 들지 않았어요. 당시 나는 이런 기기를 자유자재로 다루는 일이 재미있었습니다.

이렇게 해서 어떻게든 완성한 게임을 일본 휴렛팩커드에 보냈습니다. 상대편에서 굉장히 놀랐던 것 같고 '엄청난 고등학생이 삿포로에 있는 것 같아!' 이렇게 생각했다고 합니다. 지금으로 말하면 어느 고등학생이 미래에 팔릴 법한 일정 수준의 완성도를 갖춘 제품을 닌텐도로 보냈을 정도의 놀라움이지 않았을까요. 하지만 그때의 나는, 내가 한 일에 대한 가치를 전혀 알지 못했습니다(웃음).

그 계산기에 빠져든 지 2년쯤 지나 애플컴퓨터의 첫 제품이 세상에 나왔습니다.

앞서 같은 경위로 초기 컴퓨터를 접한 직후여서 내게 컴퓨터에 대한 환상은 없었습니다. 컴퓨터는 뭐든 할 수 있는 꿈의 기계가 아니라는 걸 알고 있었죠. 달리 말하면, 컴퓨터가 잘하는 일은 뭘까, 그리고 서투른 일은 뭘까, 이런 것들을 고등학생 시절부터 얼추 알고 있었습니다.

게다가 내가 만든 그 계산기의 게임을 즐겨줄 친구가 때마침 내 옆자리에 있었습니다. 그 아이는 좀 재미난 녀석으로…… 뭐랄까, 내가 만든 게임을 좋아해준, 나로서는 최초의 고객, 사용자 제1호였지요.

인간은 역시 자신이 한 일을 칭찬하거나 좋아해주는 사람이 없으면 아무것도 시도하려 들지 않는 것 같습니다. 따라서 고교시절에 그와 만난 일은 내 인생에 매우 좋은 영향을 주었다고 생각합니다.

대학시절, 컴퓨터 매장에서 만난 동료

내가 대학교 1학년일 때니까 1978년의 일입니다. 일본에서는 아마 처음으로 이케부쿠로에 있는 세이부 백화점에 퍼스널 컴퓨터 상설코너가 생겼습니다. 나도 주말마다 그곳에 갔었죠.

그 무렵 컴퓨터 매장에는, 컴퓨터 앞에 앉아 온종일 프로그램을 작성하는 사람으로 가득했습니다. 대부분의 사람들이 컴퓨터 같은 건 살 수 없었으니까요.

당시의 나는 대학교 입학축하금과 저금에, 추가로 대출까지 받아 간신히 나만의 컴퓨터를 손에 넣었습니다. 코모도어(Commodore)라는 미국 회사의 'PET^{1982년에 단종된 최초의 올인원 가정용 컴퓨터}'라는 기계였지요.

나는 이케부쿠로 세이부 백화점에 있는 컴퓨터 매장으로 직접 만든 프로그램을 가져갔습니다. 고등학생 때, 함께 계산기 게임을 즐겼던 친구는 다른 대학에 다녔기 때문에 그 무렵 내게는 보여줄 대상이 없는 상태였습니다.

아마 그때는, 직접 만든 것을 '다른 사람에게 보여주고 싶었던' 것 같습니다. 그곳에 가면 같은 취향의 사람들이 항상 있었기 때문에 보여줄 대상이 있었거든요.

그리고 그 매장에서는 몇 가지 중요한 만남이 있었습니다. 먼저, 훗날의 나에게 가장 큰 자극을 주게 되는 프로그램의 명인이 있었습니다.

하루는 그가 매장 컴퓨터를 사용하여 프로그램을 작성하고 있었습니다. 그런데 그 프로그램이 좀처럼 돌아가지 않아 고개를 갸웃거리고 있었죠. 나는 그것을 뒤에서

지켜보다가 '저기가 틀렸군' 하고 알아냈지요.

"여기를 고치면 작동하지 않을까요?"

"아하, 맞아."

이것을 계기로 친해졌지요. 그가 대학교 2학년, 내가 대학교 1학년이었습니다.

그 매장에서는 같은 컴퓨터를 함께 사용한 사람들이 자연스레 유저그룹 같은 모임을 형성해갔습니다. 매장 직원과도 친해졌지요. 그리고 내가 대학교 3학년이 될 무렵 그 직원이 HAL연구소라는 회사를 만들었습니다.

"회사를 만들었는데, 아르바이트생으로 오지 않을래?"

그의 권유로 나는 그곳에서 프로그램 업무를 시작했습니다. 그런데 그 일이 너무 재밌었던 나머지, 결국 나는 그 회사에 눌러앉고 말았습니다.

그러니까 HAL연구소라는 회사는 '웬만한 전문가 뺨칠 정도의 능력을 지닌 아르바이트생들을 모으는 데 우연히 성공한 회사'였다고 할 수 있습니다.

대학은 4년을 다녀 제때 졸업했습니다. 다만 대학생 시절에 우등생은 아니었다고 생각합니다. 왜냐하면 HAL연구소에서 아르바이트하는 쪽이 훨씬 재미있었거든요(웃음).

컴퓨터의 기초를 배웠다는 의미에서 대학 공부가 도움

이 되고, 대학을 다녀서 좋았다고도 생각하지만, 훗날의
업무에서 실제로 도움이 되었던 대부분은 스스로 배웠던
셈입니다.

HAL연구소의
여명기와 패미컴 발매

아르바이트생이었던 나는 대학 졸업과 동시에 그대로
HAL연구소에 입사해버렸습니다. 이 일이 내게 잘 맞았
다고 할까, 하는 일이 너무 재미있으니 그럴 수밖에 없었
지요.

HAL연구소는 작은 회사였기 때문에 나는 젊은 나이
에도 불구하고 여러 가지 결정을 내리는 사람이 되었습
니다. 특히 '개발'에 관해서는 선배가 전혀 없었기에 내가
개발부서의 사원 제1호였습니다. 따라서 개발 관련 일은
내가 모두 결정해야만 했습니다. 상담해줄 사람은 아무
도 없었지요.

그리고 여기서 또 한 가지. 내가 정사원이 된 이듬해에

운명처럼 닌텐도에서 발매한 패미컴³을 만나게 됩니다.

나는 아르바이트 시절부터 컴퓨터 게임을 개발하고 있었지만, 게임 제작에 있어 패미컴이라는 하드웨어에는 분명 '기존과는 다른 장점'이 있었습니다.

당시 수십만엔이던 컴퓨터보다도 1만 5천 엔인 패미컴이 게임을 즐기기에 압도적으로 적합했습니다. 나는 이 기계로 인해 세상이 바뀌는 듯한 기분이 들었습니다. 그리고 '무슨 일이 있어도 꼭 여기에 관여하고 싶다'라고 생각했지요.

HAL연구소에 출자했던 회사 중 한 곳이 마침 닌텐도와 거래가 있어, 그 회사 직원에게서 닌텐도를 소개받았습니다. 그리고 '무슨 일이 있어도 그 패미컴 일을 하고 싶다'라는 일념으로 교토에 있는 닌텐도로 찾아갔습니다.

당시 나는 20대 초반이었습니다. 정장은 입었지만 확실히 어수룩했지요. 이런 풋내기가 갑자기 나타나 "일하게 해 주십시오"라고 했으니, 일을 받으러 간 쪽도 간 쪽이지만 일을 준 쪽도 준 쪽이랄까, 이제야 드는 생각이지만요(웃음).

내가 맡은 일은 게임 소프트웨어의 프로그램이었습니다. 이것이 닌텐도와의 교류의 시작입니다. 패미컴 초기에

---

3 패밀리 컴퓨터의 약어로, 닌텐도에서 1983년에 만든 8비트 가정용 게임기.

출시한 〈핀볼〉과 〈골프〉패미컴의 첫 골프 게임는 내가 HAL연구소 직원과 함께 만든 게임입니다.

패미컴의 소프트웨어는 어쨌든 만드는 일이 재미있었고, 무엇보다 내가 만든 게임이 전 세계로 굉장히 많이 팔려나갔습니다. 의뢰를 받아 한 일이었으므로 팔린다 한들 이익이 남는 건 아니었지만, 우리가 만든 게임을 '모두가 안다'라는 사실에 무척 기뻤습니다. 옆자리 친구 외에는 알지 못했던 게임이 전 세계로 퍼져나가니 나로서는 신이 났을 수밖에요.

패미컴 발매 후 얼마 지나지 않아 관여한 일이었는데, 결과적으로 패미컴이라는 게임기가 크게 성장하는 과정에 참여할 수 있었으므로 매우 운이 좋았습니다. HAL연구소도 단 5명이었던 직원이 10년 만에 90명 가까이 되었으니까요. 내 위치도 개발책임자 비슷하게 되어 어느 사이엔가 명함에는 과장으로, 또 얼마 안 있어 개발부장으로 바뀌었습니다.

지금 돌이켜보면 당시 우리가 개발했던 게임은 '기획은 되어 있었지만 아무도 만들 수 없어 곤란했다'라고 할 만한 소프트웨어뿐이었습니다. 여기서 어느 정도 명성을 얻을 수 있었기 때문에 기술적으로 가치를 인정받아 다음 업무로 이어질 수 있었던 게 아닐까요.

15억 엔 대출로
시작하다

내가 32세일 때 HAL연구소는 경영 위기에 빠집니다. 그리고 33세에 나는 사장으로 취임합니다. 정말 회사가 어려웠거든요. 전혀 축하할 만한 일은 아니었습니다.

내가 사장이 된 이유는 아주 간단합니다. 나 외엔 아무도 없었기 때문이지요. 나는 언제나 그렇지만, '이 일은 내가 하는 편이 가장 합리적'이라는 생각이 들면 좋은지 싫은지 따지지 않고 바로 각오를 다집니다.

회사가 도산하며, 내가 사장으로 출발할 당시 15억 엔이라는 빚이 생겼습니다. 결과적으로는 15억 엔을 매년 2억 5천만 엔씩 6년에 걸쳐 상환했습니다. 물론 그사이에도 직원에게 월급을 지불하고 회사를 운영하는데 필요한 회사 유지비는 들었습니다. 그것과는 별도의 자금으로 빚을 갚아 나갔습니다.

상환은 했습니다만, 대출이라는 의미에서 그때 여러 사람에게 폐를 끼쳤기 때문에 그다지 당당하게 말할 만한 일은 아니지요.

다만, 좀처럼 하기 어려운 경험을 했다는 건 분명합니

다. 이만큼의 대출은 일종의 극한상황을 의미합니다. 이럴 때는 정말 여러 가지가 보입니다. '사람을 어떻게 대해야 하는가?' 등등.

예를 들어, 내가 신임사장으로 은행에 인사를 하러 가겠지요? 30대 애송이가 "제가 사장이 되어 최선을 다해 대출을 갚겠습니다" 이렇게 말하러 갑니다. 그러면 "힘내서 열심히 해 주세요"라고 말하는 은행과 "제대로 갚지 않으면 곤란하다고!"라고 하면서 굉장히 고압적인 태도로 나오는 은행이 있습니다.

흥미롭게도 그때 태도가 고압적이었던 은행일수록 인수 합병 등으로 이후 빠르게 은행명이 바뀌었습니다. 그만큼 저쪽도 상황이 심각했던 것이지요.

상대하기가 어려웠던 것은 회사 밖 사람들만이 아니었습니다.

회사가 경영 위기에 빠진 후 내가 사장이 되어 회사를 재건하겠다고 할 때, 개발부문 내에서 종합적 사고력이 가장 뛰어난 사람이 나라는 정도의 신뢰는 있었기 때문에 일단 모두가 이야기를 들어주었습니다. 그럼에도 기본적으로 직원들은 회사를 신뢰하지 않습니다. 뭐랄까. 경영 위기에 빠진 회사란, 직원 입장에서 보면 불신 덩어리입니다. 그도 그럴 것이 '회사 지시에 따라 일한 결과가 이건가'라는 생각이 들기 마련이니까요.

그래서 사장으로 취임했을 때 약 한달간은 오로지 직원들과 이야기를 나누면서 많은 것을 알게 되었습니다.

상대방의 입장에 서서 생각할 작정이었는데 직접 한 사람 한 사람과 이야기하고 보니, '이토록 다양한 것을 알게 되는구나' 싶었습니다.

당시에는 무엇이 우리의 강점이고 약점인지를 알려는 생각에서 면담을 했습니다. 이것을 모르면 사장으로서 아무것도 결정할 수 없으니까요.

예를 들어, 짧다든가 깔끔하다든가 빠르다와 같이 프로그램을 만드는 것의 기준을 정하는 것입니다. 회사의 최종 결정자로서 이 같은 판단의 잣대를 만들고자 직원 한 사람 한 사람과 면담을 했습니다. 그랬더니 기대 이상으로 다양한 의견이 나왔습니다.

역시 경영이란 그리 간단한 일이 아니더군요. 그렇다고 해서 단기적인 이익 추구가 반드시 옳다고는 할 수 없기 때문에, 회사는 '그러면 어떻해야 좋을까'라는 문제를 일종의 극한 상태에 빠진 순간부터 고민하기 시작합니다.

이 면담을 하면서, '판단이란, 정보를 모으고 분석하여 우선순위를 매기는 일'이라는 걸 깨달았습니다. '여기서 도출된 우선순위에 따라 일을 결정하고 진행하면 된다'

라고 생각하게 되었지요.

이렇게 판단을 거듭하다 보면 일이 점점 제대로 진행되므로, '다양한 경우에 적용할 수 있겠다'라는 사장으로서의 자신감으로 이어지는 거죠.

반년에 1회, 전 직원과의 면담

회사가 힘들 때는 "1주일 내로 이것을 끝내야만 해!"라는 식의 자전거 조업상태[4]가 계속 이어집니다. 하지만 일단 도산해버리면 얼마간 시간을 낼 수 있어 이전에 할 수 없었던 일을 할 수 있습니다.

나에게 이 '할 수 없었던 일'이란, 모두와의 대화, 직원 개개인과의 면담이었습니다.

면담을 하면서 매우 많은 것을 깨달았고, 실은 이것이 매우 우선순위가 높은 일이라는 걸 알게 되었지요. 그래

---

4 자전거 페달을 멈추면 쓰러지듯 조업을 멈추면 도산할 수밖에 없는 법인이 만성적자 상태에서 타인 자본을 차례로 회전시켜 조업을 이어나가는 상황.

서 회사가 정상화된 후에도 직원 개개인과 이야기하는 일은 멈추지 않고 계속 이어졌습니다.

면담은 반년에 1회, 전 직원과 했습니다. 많을 때는 80명에서 90명 정도. 시간은 한 사람당 아주 짧아도 20분, 길면 3시간까지도 했습니다. 이것을 6년인가 7년 정도 계속했습니다.

맨 처음, 전 직원과 이야기했을 때 '면담으로 처음 알게 된 것'이 매우 많았습니다. 여태껏 대체로 소통이 잘된다고 생각했던 사람이라도 일대일로 면담을 하면 그제야 처음으로 말해주는 것이 있었지요. 이상한 말입니다만 '사람은 거꾸로 놓고 흔들어야만 이렇게 뭔가를 말하는 걸까'라고 새삼 깨달았습니다.

나라면 비교적, 상대가 기회를 만들어주지 않아도, 기회를 스스로 만들어 전하면 된다고 생각하는 편입니다. 나 같은 사람만 있는 모임이라면 면담은 필요 없습니다. 필요한 것은 필요할 때에 상대방에게 말할 테니까요. 하지만 모두가 다 그렇지는 않습니다.

내가 일하고 싶은 회사는 '보스가 나의 일을 제대로 알아주는 회사'이거나 '보스가 나의 행복을 제대로 생각해주는 회사'였으면 좋겠다고 생각하곤 했습니다.

그리고 나는 '사람은 모두 다르다. 그리고 점점 변한다'

라고 생각합니다. 물론 변하지 않는 사람도 많습니다. 하지만 사람이 변한다는 사실을 이해하지 못하는 보스 밑에서는 일하고 싶지 않습니다.

내가 변한다면 이를 제대로 알아주는 보스 밑에서 일하고 싶다, 따라서 나도 직원의 일을 항상 알고 싶다. 이것이 면담을 시작한 동기입니다. 힘들긴 하지만 내가 얻는 것도 많음을 알게 되었지요.

전 직원과 면담할 때 서로 이야기하는 주제는 모두 다릅니다. 다만 면담 프로그램 중 유일하게 정해진 주제가 있는데, "당신은 지금 행복합니까?"라는 첫 번째 질문이었습니다.

기업이념처럼 주제넘은 말을 할 생각은 없었습니다. 다만 '회사란 어떤 공통의 목적을 가지고 모두가 그것을 분담하여 힘을 합하기 위한 장소이므로 공통의 목적은 정하는 편이 낫다'라는 생각이 면담 중에 들었습니다.

그래서 "제품 제조를 통해, 만드는 사람인 우리와 즐기는 사람인 고객을 다 함께 행복하게 하는 것을 HAL연구소의 목적으로 정하자'라고 했습니다.

이렇게 선언 했더니, "당신은 행복합니까?"라는 물음이 문맥에 맞더라고요. 그래서 그렇게 물었지요…… 뭐, 가지각색입니다(웃음).

상대방에 대한 이해와 공감이 없다면 면담할 의미가 없다고 생각합니다. 그렇기 때문에 상대방이 불만을 품고 있다면 그것은 그것대로 듣습니다. 하지만 상대방의 말을 듣는 동안 내가 말하고 싶은 것도 분명하게 전달합니다.

불만을 지닌 상대방은 불만이 쌓였을수록, 먼저 그 불만을 이쪽에서 듣지 않으면 이쪽에서 하는 말이 귀에 들어오지 않겠지요.

뭔가를 말하려는데 입을 가로막으며 "그건 이런 거야"라고 한다면, "아아, 이 사람은 아무것도 알아주지 않아" 이렇게 생각하는 것도 당연합니다.

그렇기 때문에 하고 싶은 말이 있으면 해달라고 합니다. 하고 싶은 말을 하고 나면 어느 정도 이쪽 말을 귀담아듣습니다. 인간이니까요.

사람이 상대방의 말을 받아들일지 여부의 판단은 '상대방이 자신에게 도움이 되어서 그렇게 말하는지' 아니면 '상대방이 진심으로 좋다고 생각해서 그렇게 말하는지', 어느 쪽으로 느끼느냐에 전적으로 달려있습니다.

따라서 나는 '경영에서는 사심을 얼마나 확실히 없애는가가 매우 중요하다'라고 생각합니다.

회사 동료에게는 이해를 따지지 않습니다. 물론 나도

협상의 경험이 많고, 사업상으로도 타협은 필요하다고 생각합니다. 하지만 같은 회사에서 같은 목적을 달성하는 동료 사이에 그럴 필요는 없겠지요?

모두가 납득하고서 일하고 싶겠지요. 다만 회사가 여러 가지를 결정할 때 보통의 직원들은 대부분의 경우 어째서 그렇게 결정되었는지 모릅니다. 정보가 없기 때문이죠.

'사장이 무슨 말을 하는 거지?' 이런 식인 경우가 많습니다.

면담에서 개개인의 이야기를 듣다 보면 '이런 결정을 내리게 된 이유가 전달되지 않았구나' 또는 '내가 했던 말이 왜곡되어 이런 불만을 품는구나'를 알게 됩니다.

그래서 나는 어째서 이런 말을 했는지, 무슨 일이 있어서 이런 결정을 했는지에 대해 다는 아니더라도 가능한 설명하고자 합니다.

이것은 결국 "이런 상황에서 자네라면 어떻게 하겠나?"를 묻는 것과 마찬가지인 셈이죠. 그래서 상대방이 "저라도 그러겠어요"라고 하면 안심이 됩니다. 같은 가치관을 공유할 수 있으면 서로가 굉장히 행복해지거든요.

상대방이 오해하거나 공감하지 못하는 데에는 몇 가지 결정요인이 있다고 생각합니다. 이 몇 가지의 조합으로 사람은 서로 미워하기도 하고 화내거나 울면서 불행해지기도 합니다.

이런 경우에는 대개 여러 개의 요인이 얽혀 있으므로 하나씩 풀면서 원인을 제거해간다면 마음이 후련해질 것입니다.

면담에 들이는 시간에 대한 원칙도 결국 '상대방이 후련해지면 끝낸다'입니다. 이것의 의미도 '될 때까지 한다'라고 정했지요.

모두가 나를 믿어준 가장 큰 요인은, 이 면담을 계속해온 것에 있다고 생각합니다. 어설픈 각오로는 지속할 수 없고 이것이 힘든 일임은 누가 봐도 알 테니까요.

만약 도망친다면
평생 후회한다

나는 고객에게도, 우리에게 일을 주는 다른 회사에게도, 항상 상대방의 기대 이상으로 돌려줘 왔다고 생각합니다.

HAL연구소가 어려운 상황에 빠졌을 때도 주요 거래처

였던 회사의 사람들이 "저희가 뭔가 도울 수 있는 일이 있다면 뭐든 하겠습니다"라고 말해주었고, 실제로도 우리와 계약을 끊으려 한 회사는 한 군데도 없었습니다.

지금 생각하면, 어려운 상황에 처했을 때 굉장히 많은 도움을 받았습니다. 보통은 이런 상황이 되면 "신용이 불안한 회사에 일을 의뢰해서는 안 된다"라고 하겠지요. 하지만 그렇게 되지 않았습니다.

경영이 어려워져 십수억 엔의 빚을 안았을 때, 바로 떠오른 것은 '도망친다'라는 선택지였습니다. 하지만 이것부터 먼저 버렸습니다.

"만약 도망친다면 평생 후회한다."

최종적으로 결단한 이유는 오로지 이것입니다.

수학적으로 기대치를 계산하여 무엇이 이득일지 고민했다면 십수억 엔의 빚을 짊어진다는 선택지는 없었을 겁니다.

그러므로 도망치지 않겠다는 결정은 철학인지 윤리인지 모르겠지만 그런 종류겠지요. 함께 땀 흘린 동료가 있는데 어떻게 도망칠 수 있느냐, 이것이 가장 큰 요인이었습니다.

아내에게도 감사합니다. 많은 빚을 짊어진 회사의 사장을 떠맡은 일을 아내는 조금도 책망하지 않았으니까요.

남들 보기에도 결코 좋지 않고, 함께 생활하는 사람으로서도 대단한 위험을 감수하는 일입니다. "어째서 그런 일을 해야만 하죠?" 이렇게 묻더라도 전혀 이상할 게 없었죠. 하지만 아내는 아무 말도 하지 않았습니다. 이것이 정말로 고마웠습니다.

사장이 되고나서도 개발책임자는 나였습니다. '무엇이 이 회사의 강점일까'를 생각했을 때, 개발을 중심으로 재정비하는 길뿐임을 바로 알았으니까요. 머릿속에서 10초 만에 알 수 있는 대답이라고 해도 좋습니다.

나는 그때, 자신을 항상 바쁜 곳에 두기로 결심했습니다. 회사에는 몇 개의 팀이 있고 바쁜 시기는 서로 엇갈려 있었지만, 나는 가장 바쁜 팀을 응원하러 가기로 했습니다.

일단 당시의 회사 개발자 중, '어떤 문제가 있는지를 찾아내어 분석하고 해결하는 힘'이 가장 많은 사람은 나라고 생각했기 때문입니다.

가장 힘든 곳으로 내가 가는 것이, 회사의 생산성 측면에서는 가장 합리적입니다. 이와 동시에 '이와타가 결정하는 일'을 회사 사람들이 납득하기 위해서는 문제 해결의 자세를 눈앞에서 보여주는 게 가장 좋겠지요. "이 사람이 결정했다면 뭐 인정해야지" 이런 말을 들으려면 이만

한 방법도 없습니다.

이렇게 해서 나는 개발의 최고자리에 서서 회사 전체를 보았습니다. 특히 당시 게임은 '제대로 만들면 잘 팔린다'라는, 타율이 높은 상품이었기 때문에 내가 개발현장에 있다는 건 여러 가지 의미에서 다행이었습니다.

슈퍼 패미컴가정용 게임기 시장에서 대히트를 기록한 패미컴의 후속 기기 전성시대였으니까요.

회사가 다시 살아난 커다란 계기는 〈별의 커비〉커비를 조작해서 흡입하고 뱉어내거나 하늘을 나는 액션으로 스테이지를 클리어하는 게임 입니다.

처음에는 〈팅클 포포〉라는 이름의 게임보이용 소프트웨어로 내놓을 예정이었으나 "이대로 출시하기엔 아깝다"라고 미야모토 시게루씨가 이야기해서, 일단 발매를 중지하고 다시 조정하여 닌텐도가 발매하는 〈별의 커비〉라는 소프트웨어로 재탄생했습니다.

당시 〈팅클 포포〉는 광고도 내보내고 주문도 받고 있었습니다. 주문량은 무려 2만 6,000개였습니다.

발매를 중지하자 회사 내부에서는 큰 격론이 벌어졌습니다. 당연하죠. 특히나 영업하는 사람 입장에서 이미 체면이 말이 아니니까요.

하지만 최종적으로 〈별의 커비〉는 500만 개 이상 판매

되었습니다. 단순 계산으로 원래 주문의 200배나 팔린 셈입니다.

그때 개발을 중지하지 않았다면 현재의 〈커비〉 시리즈는 없겠지요. 〈커비〉는 지금까지의 시리즈 누계 전체로 전 세계에 2,000만 개 이상 팔렸고, 〈커비〉가 등장하는 〈스매시 브라더스〉마리오, 피카츄, 링크 등 닌텐도의 인기 캐릭터들이 대결하는 격투 액션 게임 시리즈까지 포함하면 누계로 3,000만 개를 훌쩍 넘었으니(2005년 취재 당시) 정말로 큰 전환점이었지요.

어린 시절의 나는 병약한 천식 환자로
전학한 후에는 집단따돌림을 받기도 했습니다.
이때 약자의 입장을 제법 많이 경험했습니다.
우연히 처음 들어간 회사도 작았기 때문에
큰 회사에 비해서는 약한 입장이었죠.
이러한 약자의 입장을
경험할 수 있었던 게 매우 다행이라고 생각합니다.
닌텐도 사장이라는 '약자가 아닌 입장'이 되어서도
나는 당시의 경험을 절대로 버릴 수 없었고
그렇다고 예전의 힘들었던 일을
한풀이하려는 마음도 전혀 없었습니다.
HAL연구소 사장이던 시절,
나는 진심으로
'만약 나보다 사장으로 적당한 사람이 있다면
언제라도 바꾸고 싶다'라고 생각했습니다.

나 자신이 개발자 출신이기 때문에
개발하는 사람의 생각을
일반 경영자보다는 더 잘 이해할 수 있겠지요.

"대혁명을 할 테니 5년을 기다려 주세요.
그동안은 이익이 나지 않아요"라고 한다면
사장은 해고되겠지요.
매년 일정 수준의 이익을 내면서,
그래도 바꿔나가야만 합니다.
즉, 비행기로 날면서
비행기를 수리하는 것과 같은 것입니다.

나 자신을 돌이켜봐도
내가 평범하지 않았기 때문에
특수한 길을 선택했을까,
우연히 특수한 길을 선택했기 때문에
이런 내가 있는 것일까,
더는 잘 모르겠네요.
다만 적어도, 지금까지 지내온 환경과 나는
궁합이 참 좋았다는
이 정도의 감각은 있습니다만.

옛날에 프로그램을 짜는 형태로 게임을 만들던 때와
새로운 하드웨어나 플랫폼을 만드는 지금을 비교하면,
생각의 양과 질은 압도적으로 다릅니다만
근본적인 의식이나 자세는 그다지 바뀌지 않았습니다.
나는 이제,
옛날처럼 프로그램을 짤 시간이 없기 때문에
프로그램을 짜는 형태로는
작업에 참여하지 않습니다만
나 자신도 제작자 중 한 사람이라는 인식은
확실히 지니고 있습니다.

우리는 무엇을 잘하는가.
우리는 무엇에 서투른가.
이것을 정확히 알아서
우리가 잘하는 것은 살리고,
서투른 것은 드러내지 않는 방향으로
조직을 이끄는 것이 경영이라고 생각합니다.

제
2
장

이
와
타
씨
의
리
더
십

우리가
잘하는 것은 뭘까

일이란, 실제로 할 수 있는 일보다 하는 편이 좋은 일이 확실히 많습니다. 따라서 하는 편이 좋은 일을 전부 다 한다면 쓰러지고 맙니다.

그렇기 때문에 잘하는 일이 무엇인지를 자각한 후에, '무엇이 무엇보다 우선인가'를 명확히 하는 것. 순번을 붙이는 것. 이것이 경영이라고 생각합니다. 그렇다면 '우리가 잘하는 일이란 무엇인가'를 고민해야 합니다.

매번 비슷한 에너지를 쏟으며 일했을 텐데, 이상하게도 고객들이 좋아해줄 때와 그다지 좋아하지 않을 때가 있습니다. 우리로서는 들이는 수고도 고생도 비슷한데 말이죠. 똑같이 100의 고생을 했어도, 왜 그런지 이쪽 고객은 100을 좋아하지만 다른 쪽 고객은 500을 좋아하는, 이 같은 일이 일어납니다.

더 간단히 말하면, 일을 하고서 굉장히 힘들 때와 그렇지 않을 때가 있습니다. 일이니까 당연히 힘든 부분도 있습니다. 아니 힘들지 않을 리가 없습니다. 하지만 이때 힘든 것에 상응하는 만큼 반응이 좋지 않으면 더 힘들어집니다. 그래서 고생 이상의 평가를 받을 때는 직원도 힘이 나며 쑥쑥 성장해간다는 느낌입니다. 반대로 악순환이 계속 되면 순식간에 직원은 풀이 죽으면서 '이래서야 뭐, 면담을 해야겠는걸'인 상태가 됩니다.

요컨대, 자신들이 엄청나게 고생했다고는 생각지 않는데 이상하게 평가가 좋을 때란, 방치해 두어도 좋은 결과가 자꾸자꾸 나와 선순환이 되면서 쑥쑥 힘이 나는 상태입니다. 이것이 바로 우리에게 적합한 일, 그렇지 않은 것은 적합하지 않은 일, 나는 대체로 이런 식으로 판단합니다.

기본적으로 인간이란 자신이 잘하는 일과 남이 서투른 일을 비교하며 "나는 정당하게 평가받지 못해. 불공평해"라고 불평합니다. 나 역시 부지불식중에 이런 불평을 하곤 합니다.

내 멋대로의 가설입니다만, 생물이란 자신의 자손을 남기는 일이 최종 목적이겠지요? 자손을 남기기 위해서는 무엇을 해야 할까요. '자신은 다른 개체보다 이 부분이 우수합니다'를 밝혀야만 합니다. 이 말인즉슨, '나라는 개체는 다른 개체보다 우수합니다'라는 어필을 잘하는 DNA가 지금까지 살아남았다는 논리지요. 이런 일에 서투른 DNA는 점점 사라질 테니까요.

생물에는 자신의 강점을 어필하는 성질이 반드시 있기 마련이어서, 자연스레 그렇게 되어버립니다. 회사라는 조직 안에서도 모두가 사정에 맞춰 자신이 잘하는 일과 다른 사람이 서투른 일을 비교하곤 합니다.

그러므로 반대로 회사 전체를 생각할 때는, '이런 식으로 생각하고 이런 기준으로 비교나 평가를 하자'라는 공통의 인식을 갖지 않으면 바로 '불공평하다'가 되고 맙니다.

고통스러운 일은 진짜로 그만두는 편이 낫습니다. 적합하지 않으니까요. 하지만 "참지 않으면 안 돼"인 경우도 있습니다. 싫은 일은 전부 그만두자고, 모두가 말하기 시작한다면 사회생활은 파탄 나고 말테니까요.

다시 말해 기본적으로는, 이 사회가 '잘하는 일을 하는 집단이 되자'를 지향하더라도 사람과 사람이 함께 일하기 위해서는 서툴더라도 최소한 해야만 하는 일을 정해두어야 함께 일할 수 있다는 겁니다. 이런 '최소한의 일'을 가능한 한 작게 만들어야 경영자로서 타당하지 않을까요.

애초에 회사란, 각자 다른 개성을 가진 보통의 사람들이 모여, 혼자서는 실행할 수 없을 만큼의 거대한 목적을 달성하기 위해 있는 것이니까요.

병목이
어디인지를 찾아낸다

컴퓨터의 진보가 빠른 것은 시행착오의 횟수가 압도적으로 많기 때문입니다.

예를 들어, 하드웨어를 제조할 때 외형을 고친다든가 하려면 몇 종류를 시험해 보는 것만으로도 시간이 오래 걸립니다. 하지만 컴퓨터의 소프트웨어라면 '마리오가 어느 정도의 높이로 점프해야 플레이어가 기분 좋게 놀 수 있을까'를 하루에 몇 번이고 시험해 볼 수 있습니다.

현실에서 완벽한 것이란 없으며 시행착오의 반복입니다. "아, 좀더 나아졌다" "아, 좀더 나아졌다"를 반복하면서 조금씩 좋아지는 셈이지요.

또한 일에는, 많은 사람이 병렬로 처리하고자 할 때 깔끔하게 나누어지는 일과 깔끔하게 나누어지지 않는 일이 있습니다. 예를 들어, 기상 시뮬레이션 같은 일은 복잡하긴 해도 요소별로 나누어 각각의 프로세스에서 병렬로 계산하면 고속으로 처리할 수 있습니다. 반면 이쪽 일이 저쪽에 영향을 주고 저쪽 일이 또 이쪽에 영향을 주는 종류의 일에서는 이러한 병렬 처리가 불가능합니다.

모든 것이 그렇지만 일에는 반드시 '병목정보를 처리하는 과정에서 과부하가 발생해 정보 처리가 지연되는 지점'이라는 가장 좁은 부분이 생겨버려, 그곳이 전체를 결정해버리고 맙니다. 반대로 전체를 어떻게든 하고 싶다면 병목이 어디인지를 찾아내어 먼저 그곳을 고쳐야만 합니다. 병목보다 굵은 부분을 아무리 고친다한들 전체는 조금도 바뀌지 않습니다. 나는 이 점을 자주 상기하고자 애썼습니다.

가령 "프로그램을 더 빠르게 해 주세요"라고 할 때는 병목인 부분이 전체를 느리게 만드는 경우를 의미합니다.

프로그램의 세계에서는 종종 "전체의 1%가 전체 처리 시간의 70%에서 80%를 소비한다"라고 언급될 정도로, 그곳만 몇 번이고 처리하는 경우가 있을 수 있습니다. 따라서 병목인 부분을 고치지 않는 한, 그렇지 않은 부분을 아무리 고쳐봐야 소용이 없습니다.

그런데 사람은 어쨌든 손을 움직이고 있어야 마음이 놓이므로 병목 부분을 찾아내기 전까지는 눈앞의 일과 씨름하며 땀을 흘리기 십상입니다. 하지만 가장 문제가 되는 것은 무엇인지, 나만이 할 수 있는 일은 무엇인지, 이런 것들을 확실히 알고서 행동하는 것이 더 중요합니다.

이 점을 유념하더라도, 어차피 가설에 따라 움직이기 때문에 틀릴 때도 있겠죠. 하지만 적어도 '여기가 병목일 테니 이것을 이렇게 바꾸면 전체가 이렇게 좋아질 것이다' 이런 식으로 행동해야만 합니다. 하지만 의외로 이게 잘 안됩니다.

내 생각입니다만, 혼자 몰두하는 컴퓨터의 세계에도, 누군가와 함께 일하는 세계에도 실은 공통점이 굉장히 많고, 이런 공통점을 발견하며 알게 되는 일도 많습니다. 이것은 내가 '판단하는 일'이나 '곤란한 과제를 분석해서 해결의 실마리를 찾는 일'에 굉장히 큰 도움이 됩니다.

성공을 체험한 집단은
변하기 어렵다

몇 년 동안 같은 방향의 사고방식이 통용되고 그것이 성공을 거듭하면, 이로 인해 '성공을 체험한 집단'이라고 할 수 있겠지요.

성공을 체험한 집단에는 자신들의 변화에 대한 두려움이 있는 법이지만, 내가 요즘 굉장히 신경 쓰는 것은 온갖 변화의 속도입니다. 최근에는 여러 환경이 매우 크게 바뀌고 사람의 사고방식이나 정보의 전달방식도 크게 변하고 있으니까요.

따라서 '지금 좋다고 여기는 방식이 정말로 옳은 걸까'에 대해 나뿐만 아니라 회사 내 사람들이 의심하면서, 변해가는 주위 만물에 민감해져야 한다고 생각합니다.

고객의 욕구도 변하고, 시장 환경도 변하고, 정보의 전달방식도 변하고, 사람들이 원하는 내용도 변하고, 실제로 사러 가는 사람도 변하고, 매장도 변합니다. 모든 것이 계속 변해가고 있으니까요.

그렇더라도 성공을 체험한 집단이 현 상황을 부정하고 개혁해야만 하는 것은 아닙니다. 그 사람들은 선의로 계속 일해 왔고 게다가 그 일로 성공을 일궈온 사람들이기 때문에 현상을 부정해서는 이해와 공감을 얻을 수 없습니다.

대부분의 개혁은 현 상황을 부정하는 것에서 시작되기 일쑤지만, 그러면 매우 불행해지는 사람도 많이 생깁니다. 왜냐하면 현 상황을 만들기 위해 많은 사람이 선의와 성실한 열정으로 일했을 거잖아요. 불성실한 일에 대한 현상 부정은 괜찮지만, 성실을 다한 결과물에 대한 현상 부정은 해서는 안 된다고 생각합니다.

나는 닌텐도가 지금의 이런 환경이라면 변하는 편이 낫다고 생각하지만, 현상 부정에서 시작하고 싶지는 않고, 반드시 시작해야 한다고도 생각하지 않습니다.

방치하면 회사가 무너지고, 변하지 않으면 안 되는 이유가 눈에 보인다…… 이런 상황이라면 현상 부정에서 시작하더라도 모두가 반대하지 않겠지만, 그 정도로 극한 상황이 되는 일은 좀처럼 생기지 않습니다. 물론 닌텐도도 현상을 부정하고 싶을 정도의 상황은 아닙니다.

나는 닌텐도 전 사장인 야마우치 히로시씨를 매우 존경합니다. '이토록 대단한 일을 내가 똑같이 해내리라고는 도저히 생각할 수 없다'라고 생각하며 여전히 깊은 존경심을 지니고 있습니다.

단지 한편으로는, 이 국면에서 내게 맡겼으므로 해야만 하는 일이 많은데, 그것을 완수하며 이해와 공감을 얻으려면 대책이 필요합니다.

지금 많은 것을 바꾸고 있지만 부정하려는 마음에서 바꾸는 것은 아닙니다.

'내가 만약 과거 시대에 살았다면 지금 닌텐도가 하는 것과 같은 방법을 취했겠지. 하지만 환경이 변했잖아? 주위가 변했잖아? 그런데 우리가 변하지 않는다면 어떻게 되지? 천천히 쪼그라드는 길을 선택할래? 아니면 미래에 더 많은 사람이 우리가 만든 제품으로 즐거워하는 길을 선택할래?' 이런 마음입니다.

좋은 의미에서
사람을 놀라게 하는 일

우리가 만든 제품에 대해 처음에는 고객이 별로 흥미가 없기는커녕 아예 흥미가 없습니다. 항상 이렇게 시작합니다.

그러고 나서 우리가 만든 제품을 접하며 즐거워하는, 사랑받는다고 하는 상태로까지 선을 이어나가지 않으면 우리는 패하는 겁니다. 처음에만 어쨌든 사달라고 띄우는 것이 아니라, 반년 후, 1년 후에라도 새로운 제안을 계속 내놓아서 고객이 "어머, 나도 모르게 계속 놀고 있었잖아" 하는 일이 일어나야만 합니다. 그렇지 않으면 진정한 의미에서 목적을 달성한 것이 아니니까요.

발매 후에도 두 번째 화살, 세 번째 화살이 있어서, 이것이 정말 제대로 명중하는지. 고객의 마음을 꿰뚫을 수 있는지. 고객이 계속 즐겨줄 수 있는지. 괜찮다고 생각해서 하고 있는 것이겠지만요.

반대로 눈앞에 보이는 대로 단순히 뭔가와 뭔가를 비교해서 "이쪽이 이득이네"만으로 선택하다보면 아무래도 안이한 길로 흘러가 버립니다. 지금, 닌텐도가 이렇게 되지 않은 큰 이유는 우리의 목적이 명확하기 때문입니다.

결국 우리의 목적은 '좋은 의미에서 사람을 놀라게 하는 일'이거든요. '사람을 놀라게' 하지 못하면 새로운 고객의 수는 늘어나지 않습니다.

사람을 놀라게 하는 일은, 고객의 예상에 어긋나는 일이기도 하므로 강한 결단이 필요합니다. 닌텐도 DS라는 게임기에 처음에는 많은 사람이 당황했습니다.

"화면이 2개인 터치패널 게임기를 만듭니다"라고 발표했을 때 많은 사람들이 "저런, 닌텐도가 이상해져 버렸어" 이렇게 느꼈을 겁니다.

우리로서는 '현재의 연장선상에 미래는 없다'라고 생각해서 내린 결단이었지만, 보통의 사고를 지닌 사람으로서는 그저 상식 밖의 생각이었을 테지요.

면담에서
가장 중요한 것

'세간의 면접에서는 어째서 대답하기 어려운 것부터 물어볼까'라는 생각이 듭니다. 어째서 대답하기 쉬운 것부터 묻지 않을까요.

내 경험상 면접관에는 두 가지 유형이 있습니다. 상대방의 긴장을 풀어주고 나서 그 사람의 본성을 끄집어내어 뽑고 싶은지를 생각하는 사람과, '긴장이 풀리지 않아 말하지 못했다'라는 점도 그 사람의 사교성이고 능력이라고 생각해 그것대로 평가해버리는 사람.

나는 전자입니다. 후자 유형의 면접관은 가능성을 일부 밖에는 보지 못한다고 생각하거든요. 일단 진정한 자신을 표현해주지 않으면 아무것도 시작할 수 없으니까요.

나는 회사에서 면담을 남들의 두 배는 하는 편이지만, 면담에서 가장 중요한 점은 상대가 답하기 쉬운 이야기부터 시작하는 것이라고 생각합니다.

회사에서 처음 보는 사람과 이야기할 때, 나는 "왜 닌텐도에 들어오려 했나?"라는 질문부터 합니다. 대답할 수 있는 질문이니까요.

어떤 이유에서든 반드시 뭔가가 있을 테고 자기 일이니 당연히 답할 수 있겠지요. 있는 그대로를 말할 수 있고 게다가 그 사람의 진정한 모습을 엿볼 수 있습니다.

하지만 "자네, 저출산 고령화 문제를 어떻게 생각하나?" "미국 경기는 앞으로 어떻게 될 것 같나?" 따위는 묻더라도 대답하지 못할 수도 있고, 그래서는 면담하는 의미가 없으니까요.

"왜 이 회사에 들어왔는가?"라는 질문 외에 또 하나 묻는 것이 있는데, "지금까지 해온 일 중 가장 재미있었던 일은 무엇인가?"입니다.

이것도요, 자기 일이니 대답하기 쉽고, 무엇보다 그 사람에 대해 알 수 있습니다.

마음 놓고 "바보같이!"라고
말할 수 있는 사람

사회에 막 진출한 사람은 여러 가지를 몰라도 당연하기 때문에 '모르는 것을 부끄러워하지 않는' 마음가짐이 굉장히 중요합니다.

"나 말이야, 꽤 영리하지?"라고 생각했던 일은 선배에게 모두 들킵니다. 하지만 들키고서도 자신을 둘러댄다면 인상이 몹시 나빠집니다(웃음).

결국 회사가 신입에게 가장 요구하는 것은 '겉치레하지 말라'입니다. 그러면서도 같은 일로 여러 번 다른 사람을 괴롭히지 말라는 점.

그리고 신입 중에는 어떤 이유에서인지 확실히 훈계하기 쉬운 사람과 하기 어려운 사람이 있습니다. 마음 놓고 "바보같이!"라고 말할 수 있는 사람과 종기를 건드리듯이 조심스럽게 혼내야만 하는 사람이 있습니다.

이것이 실은 굉장한 차이입니다. 내 쪽에서 줄 수 있는 양도, 그 사람이 흡수할 수 있는 양도 마지막에 가서는 어마어마하게 달라지니까요. "바보같이!"를 편하게 말할 수 있는 사람은 단기간에 매우 많은 것을 배웁니다.

그리고 "바보같이!"라고 마음 놓고 말할 수 있는 사람이 입사하면, 사실 직장 사람들이 무척 좋아합니다. 아니, 물론 "바보 같은 짓을 반드시 하라"라는 말은 아니고요 (웃음).

어떤 사람이 흔쾌히 "바보같이!"라는 말을 듣는다면, 동기나 행동이 순수하고 악의가 없는 것뿐이지, 들었을 때 맷집이 강한지 어떤지는 알 수 없습니다.

그리고 설령 야단쳤다 하더라도 '당신의 인격을 부정하는 건 아니다'가 상대에게 전달된다는 전제가 깔려 있습니다. 이런 신뢰가 서로에게 있으므로 마음 놓고 "바보같이!"라고 말할 수 있는 것이겠죠.

비록 지식과 기술이 없더라도 '당신이 하는 말을 받아들일 준비가 되어 있습니다'라는 마음이 그 사람으로부터 전해져 온다면, 잘 안된 일이나 해야만 하는 일을 명확하게 말할 수 있고, 듣는 쪽도 그것을 배울 수 있습니다.

반대로 종기를 건드리듯이 조심스레 꾸짖어야 하는 사람이란, '여기부터는 들어오지 마세요'라는 장벽 같은 것을 주변에서 느끼도록 만들어버린 사람이지요. 그곳에 발을 들이면 그 사람이 망가져버리지 않을까, 주변 사람들이 신경 쓴다고나 할까요.

그 사람이 무엇을 소중히 여기는지 안다면 마음 놓고

"바보같이!"라고 말할 수 있겠지만, 그게 뭔지 모르는 사람에게는 화를 냈다가 그 사람의 소중한 것을 의도치 않게 짓밟아 버릴지도 모른다는 두려움이 있기 때문이죠.

화를 내거나 훈계하는 일은 아무래도 신경이 쓰이고 나름의 두려움도 있죠. 따라서 내가 하는 말을 신입이 받아들일 태세인지, 밝은 표정으로 나를 바라보는지는 매우 중요합니다.

쉽게 말해, 가급적이면 '정말로 하고 싶어 하는 사람'에게 일을 건네고 싶은 법이거든요. 인간이니까요. 싫어하는 듯한 사람에게 중요한 일을 맡기려는 사람은 없습니다.

일에는 힘들고 싫은 부분도 많습니다. 꼭 참지 않으면 안 됩니다. 하지만 아마도 그 사람에게 '일이 재미있을지 여부'는 '자신이 무엇을 즐길 수 있는가'에 따라 크게 좌우되겠지요.

생각하기에 따라 일이란 재미없는 것투성이지만 재미를 찾는 일에 재미를 붙이면 무슨 일이든 대부분 재밌습니다. 이 갈림길이 매우 크다고 생각합니다.

프로젝트가
잘될 때

내 경험상 어떤 프로젝트가 잘될 때란, 이상적인 리더가 모든 요인을 파악하여 깔끔하게 작업을 할당하고 분담하여 '이대로 하면 되겠지'라는 느낌이 들 때가 아닙니다.

특히 우리가 하는 일은, 사람을 놀라게 하거나 감동을 주는 일이기 때문에 사전에 이치를 따져 계획을 세우고 작업을 분담하기가 어려운 면도 있거든요.

기획이 잘 진행되는 때란, 최초의 계획에서는 정하지 않았던 일을 "이것, 내가 해볼까요?" 이런 느낌으로 누군가가 처리해줄 때. 이런 사람이 많이 나타나는 프로젝트가 대체로 잘됩니다.

반대로 이런 현상이 일어나지 않을 때는 설령 완성했다 하더라도 어딘가에서 불협화음 같은 것이 나기 마련이라 별로 좋지 않습니다.

예를 들어 Wii를 만들 때가 이상적이어서, "여기가 좀 문제이니 손을 볼까요?" 이런 일이 지금까지 만들어온 하드웨어 중에 가장 많았던 것 같습니다. 확실히 이런 분위기가 있었어요.

또한 Wii 개발팀에서는 프로젝트 아주 초창기부터 "Wii는 이런 게임기로 하고 싶다"라는 이야기를 굉장히 많이 했습니다. 그래서 '이랬으면 좋겠다'라는 이미지가 꽤 공유되어 있었기 때문에 프로젝트가 잘된 걸지도 모르겠네요.

다시 말해, '이렇게 되었으면' 하는 이미지를 팀 전원이 공유한 데다, 현실적인 문제가 일어나면 혹은 일어날 것 같으면 누군가 발견해서 자연스레 해결했습니다. 이것이 프로젝트의 이상적인 모습이지 않을까요.

나 외의 다른 사람에게 존경심을 가질 수 있는지 여부

일이란, 혼자서는 할 수 없잖아요. 반드시 누군가와 연결됩니다.

회사란, 혼자서는 할 수 없을 만큼 큰 목적을 달성하기 위해, 여러 개성이 모여 힘을 합해나가는 구조로 이루어진 곳입니다.

만약 경영자가 뭐든 할 수 있으면 혼자서 전부 하면 됩니다. 스스로가 가장 확실하고, 스스로가 가장 주인의식이 있고, 스스로가 가장 원하는 바를 잘 압니다. 따라서 모두 직접 할 수 있다면 스스로 하면 됩니다. 하지만 이렇게 되면 한 사람의 시간과 에너지의 한계에 맞춰 모든 것이 정해지고 맙니다.

따라서 회사에서 일하는 사람은, 자신이 담당하는 일을 제외하고는 동료들에게 일임하고 일어날 결과에 대해서는 마음을 굳게 갖는 것이죠. 그리하여 규모가 커질수록 이 구조는 계층적이 되고 폭은 더욱 넓어지게 됩니다. 이것이 회사라는 거죠.

이런 식으로 누군가와 연결되면서 무언가를 이루고자 할 때, 나 외의 다른 사람들, 다른 생각과 가치관을 가지고 일하는 사람들에게 '존경심을 가질 수 있는지'가 굉장히 중요해집니다.

나와 다른 사람의 의견이 턱없는 소리로 들릴지도 모릅니다. 하지만 그 사람에게는 그 사람만의 사정과 가치관이 있습니다. 그 사람은 내가 할 수 없는 일을 할 수 있고, 내가 모르는 것을 알기도 합니다. 따라서 모든 걸 다 받아들이라는 말은 아니지만, 내게는 없는 것을 가지고 내가 할 수 없는 일을 한다는 점에서 상대에 대한 존경심을 가져야 합니다. 이런 존경심을 가졌는지에 따라 일하는 즐거움이나 재미가 크게 달라지리라 생각합니다.

예를 들어, 나는 닌텐도의 사장이지만, 그림은 그릴 수 없고, 작곡이 가능할 리도 없습니다. 위치상 나는 상사이고 직원은 부하일지 모르지만, 직원 개개인은 내가 할 수 없는 일을 전문적으로 하는 사람들이라 할 수 있습니다.

나는 이런 사람들을 상당한 존경합니다. 뭐랄까, 그래야 한다는 생각으로 살아왔습니다.

참고로, 나의 이러한 자세는 내가 30대 초반일 즈음 이토이 시게사토씨와 만나며 배웠습니다. 나보다 10살 이상 연상인 이토이씨가 자신이 모르는 일을 해내는 사람에게 상당한 존경심을 가지고 대하는 모습을 보고 '멋지다. 나도 저렇게 되고 싶다'라고 생각했거든요.

덧붙이자면 '이토이씨는 자신이 못하는 일을 하는 사람에 대해 솔직하게 감동하고 존경심을 가질 뿐이지, 이것이 특별한 일은 아니구나' 이렇게 생각했습니다.

신념에 대해 말하려는 게 아닙니다. 요컨대, 일로 만나는 다양한 사람들에게 존경심을 가지고 대하면 자기 일이 재미있어진다. 이것을 말하고 싶을 뿐입니다.

여담이지만 지금보다 훨씬 젊었을 때, 스스로가 굉장히 바쁘다고 느끼던 시절에, '복제된 내가 3명 더 있으면 좋을 텐데'라고 생각했던 적이 있습니다. 하지만 지금 돌이켜 보면, 얼마나 거만하고 편협한 발상이었나 싶습니다. 사람은 개개인이 모두 다르기 때문에 가치가 있고 존재 의미가 있는 것인데, 어째서 그런 생각을 하고 말았는지 부끄럽습니다.

지금의 나는 반대로, 개개인이 모두 다른 강점을 가졌다는 걸 전제로 그 개개인의, 사람마다의 차이를 제대로 알고 싶습니다. 이를 알고서 함께 한다면 지금보다 더 가능성이 열릴 것이라고 생각합니다.

사실은 뛰어난 재능을 가졌지만
'나는 서투르다, 나는 서투르다'라고
본인이 멋대로 생각하기도 합니다.
예를 들어,
'나는 경영을 잘한다'라고
처음부터 생각하는 사람은 없지요.
경영 따위가 너무 싫어서
"물건 만드는 장인이 되고 싶다"
라고 말하던 사람이
"가르치는 일이 재미있어"라고 하면서
변해가는 것을 나는 몇 번이나 봐왔습니다.
사실은 그 사람이 원래 가진 재능인데,
알아차리지 못했을 뿐이지요.

그 사람 자신은 알아차리지 못했던 부분을
누군가가 찾아냈을 때
사람은 뜻밖의 방향으로 뻗어나갈 수 있습니다.

기술자든 화가든 '내가 최고야'라는
자신감이나 자부심이 없다면
에너지가 분출되지 않습니다.
프로그램을 짜는 사람도
자기 방식이 가장 좋다고 생각합니다.
그런 사람끼리 함께 개발을 진행하면
반드시 충돌이 일어납니다.
왜냐하면 크리에이션은 자기표현이니까요.
서로 자기표현을 하는 사람들이
아무것도 하지 않고서
생각을 일치시킬 수는 없을 테니까요.

모두가 선의와 열정으로 일하기 때문에
'내가 옳다'라고 생각하지요.
모두가 다른 방향으로 향하는 것을
어떻게 정리해야 좋을까.
내가 회사에 들어가자마자
개발책임자가 되었던 일은
어떤 의미에서 경영을 하기 위한
아주 좋은 훈련이었습니다.
사람에게는 잠재력이 있으니까요.

사람마다 지닌 그 잠재력을

가급적 유용하게 활용할 수 있도록

조직에서 도울 수 있지 않을까요.

반대로 말하면, 조직 안에서 내부적으로,

헛된 방향으로 소비되는 에너지가

엄청나기 때문에

그것의 방향을 맞추는 것만으로도

외부적으로 굉장히 유용한 힘이 됩니다.

어느 정도 힘든지를 막연히 알면서도

'어떻게든 된다'를 전제로 합니다.

리더란 그래야만 하거든요.

'어떻게든 된다'라는 전제하에

모든 것이 움직이기 때문에

모두가 '어떻게든 해야겠다'라고 생각합니다.

나도 이렇게 할 때가 있습니다.

예를 들어, Wii를 만들 때는

"본체를 DVD 케이스 3개 분량의 두께로 하고 싶다"

제작진에게 이렇게 말했지요.

물론 굉장히 힘든 일이라는 걸 알지만,

모르는 척하는 거예요.

분명 어려운 일이지만요.

하지만 물론, 이렇게만 해서는 안 되고,

억지를 부릴 때와 그렇지 않을 때로

조절을 해야만 합니다.

최고경영자가 늘 억지만 부려서는

조직이 돌아가지 않으니까요.

짐짓 드는 생각은

역시 목표를 정하는 것이 중요하다는 점입니다.

설령 그것이 전례가 없는 목표라고 해도요.

단순히 스펙 쌓기를 반복할 뿐이라면

아무래도 이익이 쌓이며 커지기는 하겠죠.

그보다는, 하고 싶은 일이 명확하다면

"이렇게 하고 싶어요"인 부분에서부터

거꾸로 목표를 향해 가는 편이 옳다고 생각합니다.

역시나, 사장이 "이렇게 하고 싶다"라고

한 번 말한 것만으로는 전원이 납득할 리 없습니다.

몇 번이고 몇 번이고 반복해서 말하고,

그러다가 어느 순간 말했던 것 중

뭔가가 현실이 되면
'아아, 이런 거였나'라고 하면서
한 사람이 납득하고, 두 사람이 납득하고,
이런 느낌으로,
'닌텐도는 이것을 지향하고 있고,
그래서 지금 이렇게 움직이는구나'
이것을 모두 납득하면
우리가 지향하는 가까운 미래의 이미지를
공유할 수 있는 지점까지 왔구나 싶습니다.
그러니까 결국, 같은 일을
끈질기게 계속 말하는 것이
제일이라는 생각입니다.

설명해서 아는 것과
다른 이에게
설명할 수 있을 정도로 아는 것은
전혀 별개니까요.
자사 점유율이 최고일 때도
불안정한 변화를 수반하는 결단이 가능할까요.
점유율이 최고일 때 경영하는 방식은
그렇지 않을 때와 완전히 같을 수는

없다고 생각합니다.

전혀 다를 테니,

위기감이 든다면 다른 방향으로 달려야만 합니다.

시간이 흐르는 속도가 매우 빠르기 때문에

꾸물꾸물하다가는 때를 놓치게 됩니다.

만약 '이대로 가다가는 미래가 없다'라고 느낀다면

최고의 점유율을 점하고 있어도 과감하게,

"최고의 자리에 있으니 그렇게 하지 않더라도

현재를 지키면 되잖아요"라고

많은 사람이 말려도,

틀림없이 방향을 꺾게 되겠죠.

단지 방법이 똑같지는 않겠지만요.

닌텐도 DS가 히트를 하고,

Wii가 세계적인 명성을 얻을 수 있었던 것은

정말 운이 좋았다고 생각합니다.

다만 한 가지만은 자신 있게 말할 수 있는데,

행운을 끌어들이기 위한 노력을

닌텐도라는 회사 전체가

어마어마하게 한다는 점입니다.

반대로, 똑같이 노력해도

운이 없어 성과를 거두지 못하는 일이
세상에는 많으니까요.

큰 조직일수록
"이번에는 이것에 매진하기로 결정!"
이런 것이 필요하더라고요.
왜냐하면 회사에는
하는 편이 좋은 일이 무한정 있으므로
누군가 방침을 정하지 않으면
파워가 점점 분산될 뿐이거든요.
따라서 미야모토씨 나름, 나 나름대로,
"이것을 합시다"라고
명확히 선택해야만 합니다.

문제는 언제 스트레칭(※높은 목표에 도전하는 것)
하느냐 입니다.
하늘의 때와 맞물리면 '승부'가 되지만,
하늘의 때와 맞물리지 않은 때 스트레칭을 하면
대부분 파멸이 기다리고 있으니까요.

진심으로 화내는 사람과도
진심으로 기뻐하는 사람과도
마주칠 수 있는 것이
일하는 즐거움 아닐까요.

제
3
장

이
와
타
씨
의

개
성

'왜 그런지'를
알고 싶다

나는 가능한 한 '왜 그런지'를 알고 싶습니다. 그러지 않으면 직성이 안 풀립니다.

왜 이런 일이 생기는지, 왜 이 사람은 이런 말을 하고 이런 일을 하는지, 왜 세상은 이렇게 되는지……. 나 스스로 가능한 한 '이것은 이러하니까 이런 거야'를 알고 싶습니다.

이 때문에 사실을 살필 때면 항상 왜 그런지에 대한 가설을 세웁니다. 가설을 세우고 검증하는 일을 반복하다 보면 대상이 더욱 멀리 보이기도 하고, 전에는 볼 수 없었던 각도에서 보이기도 합니다.

나는 이것을 이토이 시게사토씨로부터 배웠습니다만, 이토이씨는 가끔 미래를 내다보는 듯한 일을 합니다. 이토이씨가 좋다고 말한 것이 유행하거나 잘 팔립니다.

실제로 그런 상황을 몇 번이나 겪었습니다.

그래서 이토이씨에게 "이런 게 유행할지 어떻게 반년 전에 알았어요?"라고 몇 번이나 질문하곤 했습니다.

그러면 항상 하는 말이 "나는 미래를 예언하는 게 아니에요. 세상이 바뀌기 시작했음을 남들보다 조금 먼저 알아차릴 뿐이에요"였습니다.

이 말을 듣고서, 나도 그럴 수 있으려면 어떡해야 좋을지 고민했지요. 그래서 가설을 세우고 검증하기를 반복했습니다. 그 덕분에, 남들이 아직 변화를 느끼지 못하는 동안 내가 먼저 알아차리는 능력이 그 당시보다 지금 훨씬 나아졌다고 생각합니다.

또한 나는 옳은 일보다는 사람들이 기뻐해주는 일을 하는 게 좋습니다.

나의 가치체계 내에서는 '주위 사람들이 기뻐한다'든가 '주위 사람들이 행복한 표정을 짓는다' 같은 것이 매우 상위에 있습니다. 이미 '이를 위해서라면 뭐든지 할 테다!'라고 마음먹었지요.

반면, 옳은 일이란 좀처럼 다루기가 어렵습니다.

어떤 사람이 틀렸다는 걸 알아도 이를 받아들이고 이해해서 공감할 수 있도록 이끌지 못하면 그 선의가 아무리 옳더라도 의미가 없습니다.

옳은 말을 하는 사람은 많습니다. 그래서 충돌도 많습니다. 서로 선의를 지녔기 때문에 경과가 나쁩니다. 왜냐하면 선의를 지닌 사람은 떳떳하지 못할 게 없으니까요. 상대를 인정함으로써 자신의 가치 기준을 부정해야 하기 때문에 주장을 굽히지 못합니다.

그리고 이때, '어째서 상대방은 내 메시지를 받아들이지 않는 걸까?' 이런 마음이 옳은 말을 하는 사람에게는 없습니다.

반대로 말해 커뮤니케이션이 이루어지고 있다면, 어느 한쪽이 상대방의 이해와 공감을 얻기 위해 어딘가에서 분명 능숙하게 타협하고 있을 거예요.

보상을
찾아내는 능력

사람이란 어떤 일을 계속할 때와 계속할 수 없어서 그만둬버릴 때가 있는 법이지요.

예를 들어, '영어 정도는 말할 수 있어야 좋겠지'라는 생각을 지금까지 전혀 해본 적이 없는 사람은 없으리라 생각합니다. 하지만 대부분 좌절하고 말지요.

여기에 '자신이 잘할 수 있는 일'을 판별하는 힌트가 있습니다. 게임을 개발하던 시절에 발견한 것이지요.

게임에는 바로 그만둬버리는 게임과 '뭔가 해내고 말 테다'인 게임이 있습니다. 마찬가지로 정성스럽게 완성한 게임이라도, 본질적인 재미와는 다른 차원에서 계속하는 게임과 계속하지 않는 게임이 있지요. 이를 비롯한 여러 습관은 지속성 측면에서 굉장히 유사합니다.

둘의 공통점이라면, 사람은 우선 그 대상에 자신의 에너지를 쏟아붓습니다. 시간이든, 노력이든, 돈이든. 그리고 쏟아부었으면 쏟아부은 만큼 뭔가가 반응으로 돌아옵니다. 이것이 자신에 대한 보상이 됩니다.

이때 자신이 쏟아부은 노력이나 에너지보다 보상이 더 크다고 느끼면 사람은 그것을 그만두지 않습니다. 하지만 되돌아온 보상이 대가로서 걸맞지 않다고 느낄 때 사람은 좌절하지요.

이것이 '그만두지 않고 계속하는 게임'의 조건입니다. '영어를 공부할 때 좌절하는지 여부'도 같은 이치로 설명할 수 있습니다.

자신이 잘하는 일은 내버려 두어도 점점 더 잘하게 되는 것과 같은 구조겠지요. 예를 들어, 그림을 그리는 사람은 누가 부탁하지 않아도 그림을 그리고, 그것을 주위 사람들이 칭찬해줍니다. 이런 일이 반복되다 보면 점점 더 잘하게 됩니다.

내 경우라면, 옛날에는 몰랐던 컴퓨터에 대해 서서히 알게 되고, 알게 되니 더욱더 재미있어집니다.

제품을 만들고 기획하는 사람이라면, 세상을 바라보면서 자신이 재미있다고 생각하는 것을 자꾸자꾸 만들어 발매하고, 이것이 인정받았을 때 쾌감이 생겨 점점 더 잘하게 됩니다. 이런 순환을 이루는 것이야말로 분명 그 사람의 재능이라고 생각합니다.

따라서 재능이란, '보상을 찾아내는 능력'이지 않을까요.

'끝까지 해내는 것'보다도 '끝까지 해낸 일에 쾌감을 느끼는 것'이 재능이라고 생각합니다. 말하자면 보상을 찾아내는 '보상 발견 회로'와 같은 것이 열려 있는 사람이지요.

가끔은요, 보상을 찾아내기 직전까지 갔음에도 이 회로가 열리지 않는 사람이 있거든요. 이때, "이런 식으로 생각해보면?"이라든가 "속는 셈 치고 앞으로 세 번 더 참아보자" 이런 말을 하면 잘될 때가 있습니다.

자신이 쏟아부은 것보다 보상이 더 크다고 느끼는 순간이 오면 선순환이 시작되고 이것은 계속 이어집니다. 사람은 자신의 인생에서 '이것을 잘할지도'라고 생각하는 일에는 무조건 보상회로가 열려 있습니다.

그리고 이런 일이 하나 있으면 할 수 있는 일이 한층 늘어납니다. 왜냐하면 그 보상회로 옆에는, 비슷하면서 자신이 보상이라고 느낄 수 있는 또 다른 새로운 일이 있거든요.

지금까지 잘한다고 생각하지 않았던 일에서 '실은 이것도 마찬가지잖아'라는 생각이 드는 일이 나타납니다. 예를 들어, 나는 프로그램을 만드는 일과 회사경영 사이에 매우 비슷한 부분을 발견했습니다.

이런 연결을 발견할 수 없으면 잘하는 일이 늘어나지 않습니다. 예를 들어, 내가 프로그램만을 전문으로 만들던 시기에는 조직이나 경영 관련 책을 읽어도 연결되지 않으니, 진정한 의미로는 머리에 들어오지 않더군요. 확실히 지식은 늘어나지만, 성취감은 없습니다. '내일 이거 써먹어야지' 이런 것이 없으니까요. 그러면 '보상'은 느껴지지 않습니다.

자기 주변과 연결되어 있지 않은 것은 무리해서 공부해도 몸에 익지 않습니다. 그것에 시간을 허비하기보다는 자신이 좋아하고 잘하는 일을 우선시해야겠지요.

프로그램을 만든
경험이 회사 경영에 활용되다

프로그램이란 완전히 순수한 로직이어서 여기에 모순이 하나라도 있으면 그 시스템은 제대로 작동하지 않습니다.

실수는 기계에서 일어나지 않습니다. 실수는 모두 기계 밖에 있죠. 따라서 시스템이 작동하지 않는다면 이것은 확실히 자기 탓입니다.

하지만 프로그래머라면 모두, 프로그램이 완성된 순간에는 '이것은 틀림없이 단번에 작동할 거야'라는 생각으로 실행해 봅니다. 하지만 절대로 단번에 작동하는 일은 없습니다. 그렇더라도 그 순간만큼은 '나는 틀림없이 전부 맞게 작성했어'라는 믿음으로 실행키를 누릅니다.

프로그램의 세계는 이론 싸움입니다. 따라서 만약 완전하게 작동하지 않는다면 원인은 모두 프로그램을 만든 이쪽에 있습니다.

나는 다른 사람과 의사소통할 때에도, 내 말이 잘 전해지지 않았다면 그 사람을 탓하지 않고 내 쪽에서 원인을 찾습니다. 의사소통이 잘 안될 때 절대로 남을 탓하지 않습니다. '이 사람이 내 메시지를 이해하지 못하거나 공감하지 않는 것은 내가 최선을 다해 전달하지 않았기 때문이야' 이렇게 생각하기로 했습니다.

프로그램 일을 했던 덕분이지요. 왜냐하면 시스템이 작동하지 않으면 무조건 틀린 거예요. 프로그램이(웃음).

그래서 사람들과 대화가 잘 안되면 '이 사람 뭘 모르네'라고 생각하기 전에, '내 쪽에서 잘못했겠지'라고 생각합니다. 잘 안된다면 자신이 변해야 합니다. 그 사람에게 맞는 방법을 자기 쪽에서 찾는다면 이해와 공감을 얻을 길은 반드시 있습니다. 지금도 커뮤니케이션이 잘 안되면 내 쪽에서 원인을 찾습니다. 이런 생각은 분명, 과거에 프로그램을 만들었던 덕분입니다.

이외에도, 프로그램의 경험이 회사 경영에 활용되는 사례는 많습니다. 예를 들어, 여러 층으로 겹친 복잡한 문제를 단순화해서 풀어갈 때는 프로그래머로서의 경험이 큰 도움이 됩니다.

문제를 분석한다는 것은, 사물을 요소로 나누고 분해하는 가운데 '이렇게 하면 설명이 되겠지'라는 가설을 세워가는 일입니다. 프로그래머는 뭔가 문제가 생기면 몇 가지 가설을 세우고는 머릿속에서 비교하는 일을 일상적으로 반복합니다.

따라서 복잡한 문제에 직면했을 때 이미 체력이 단련되어 있는 셈입니다. 시행착오를 겪은 횟수가 많기 때문에, 이에 대해서는 매일 근력강화 트레이닝을 한다고 할 정도로 자부심이 있습니다.

합리적이라고 생각하는 일에는 지체 없이 각오를 다진다

새로운 무언가에 부딪쳐 지금까지의 방식이 통용되지 않는 곳으로 가야만 할 때, 나는 우선 다른 좋은 선택지가 없는지 고민합니다. 내가 이렇게 하는 것보다 더 좋은 선택지는 없을까. 내가 아닌 누군가가 이 일을 한다면 어떻게 될까.

'이 일은 내가 하는 편이 가장 합리적'이라는 생각이 들면 좋은지 싫은지 따지지 않고 바로 각오를 다집니다.

따라서 지금까지 내가 매진해온 일에 관한 한은 내가 하는 게 가장 합리적이라고 생각했던 셈이지요. 적어도 그 순간에는 망설임 없이, 내가 반드시 할 수 있다고는 생각하지 않지만 내가 대응하는 것이 최선이라고.

이 또한 프로그래머다운 사고일지 모르겠네요.

좋은지 싫은지, 힘든지 힘들지 않은지 보다는 '이것이 합리적인지 아닌지'를 생각하곤 했습니다. 아니, 그래서 가능하다면 하지 않고 내려놓고 싶었던 적이 아마 많았을 거예요(웃음).

아주 알기 쉬운 예를 들자면, 나는 지금도 무대에 서서 연설하는 일을 좋아하지도 잘하지도 못합니다. 그럼에도 불구하고 2001년 이후부터는 영어로 연설하게 되었습니다. 어린 시절을 미국에서 보낸 것도, 고교 시절에 영어를 잘한 것도 아니었는데요(웃음).

하지만 다른 누군가에게 "하라"라고 말하기보다는 '내가 하는 편이 낫다'라고 생각했으므로 그 일을 하고 있습니다. 이렇게 판단했으니 각오를 다지는 것이지요. 어차피 해야만 한다면 지체 없이 각오를 다지고 적극적으로 매진하는 편이 나을 테니까요.

같은 의미로, 하지 않은 일도 아주 많습니다. 각오를 다지고 일하기도 하지만, 하지 않은 일도 많은데, 하지 않은 일은 하지 않아도 잘되니까 하지 않는 것이지요. 그리고는 해야만 하는 일을 합니다.

영어 연설이라면, 우선 누군가가 이것을 해야만 합니

다. 내가 처음으로 단상에서 연설했을 때는 아직 사장으로 취임하기 전이어서 사장으로서의 당연한 임무라는 명분도 없었습니다.

단지, 어쨌든 미국에서 큰 발표를 할 기회가 생겼으니 누군가는 '닌텐도가 이런 생각으로 일하고 있다'라는 걸 말해야만 했습니다.

미야모토씨에게 해달라는 선택지가 있었습니다만 그렇게 되면 미야모토씨에게 연설과 프레젠테이션 연습까지 부탁하는 셈이니까요. 나는 미야모토씨의 시간을 여기에 허비하기보다는 재미있는 게임을 만드는데 써야 한다고 생각했습니다. 그렇다면 내가 하는 수밖에 없다. 이런 판단이었지요.

그리고 매우 중요한 것은, 결과적으로 이것이 그저 싫은 일로 끝나지 않고, 내가 하겠다는 각오로 인해 '불가능했던 일이 가능하게 되었다'라는 재미로 이어졌다는 점입니다.

힘들었지만 동시에 재미도 찾을 수 있었지요. 그래서 나는 영어 연설처럼 못하는 것이 자명한 일을 지금까지도 계속할 수 있었습니다.

"프로그래머는 노(No)라고 말해서는 안 된다"라는 발언

나는 예전에 "프로그래머는 노(No)라고 말해서는 안 된다"라고 말한 적이 있습니다. 게임 제작 과정에서 프로그래머가 "못한다"라고 하면, 모처럼 나온 아이디어가 실현되지 못할 뿐만 아니라 새로운 아이디어도 나오기 어려워집니다. 프로그래머가 프로그래밍하기 쉬운 것만 생각한다면 한계를 뛰어넘는 훌륭한 아이디어 따위는 나오지 않습니다. 또한 처음에는 불가능하다고 생각했던 일이 시행착오를 겪는 와중에 종종 실현되기도 합니다.

따라서 프로그래머는 경솔하게 "노"라고 말해서는 안 됩니다. 이것이 본질적으로는 맞다고 지금도 생각합니다. 다만 이것은 내 책임입니다만, 내 발언이 조금은 외따로 가는 부분이 있습니다.

프로그래머가 "노"라고 말하면 가능성이 닫혀버리는 게 사실이지만, 모든 개발의 조건은 무한하지 않습니다. 게임 제작이란 유한한 제약 속에서 하는 일입니다. 따라서 정말로 못하는 것은 "못한다"라고 말해야 합니다.

할 수 있을 가능성이 있어도, "할 수 있지만, 이것이 희

생될 거예요"라든가 "할 수 있지만, 이것과는 양립할 수 없어요"인 부분을 서로 명확히 이해한 후에 진행해야만 합니다.

이런 부분을 "프로그래머는 노라고 말해서는 안 된다"라는 말과 함께 세트로 해두었으면 합니다. 무슨 일이 있어도 "프로그래머는 못한다고 말하지 마!" 이런 식이 되지 않도록 말이죠.

당사자로서 후회가 없도록 우선순위를 정한다

사람들이 기뻐해준다는 목표만 있으면 아무리 어려운 문제가 있어도 당사자로서는 문제에 대처하며 해결책을 고민합니다. 나의 이런 성격을 평하며 이토이씨는 "이건 일종의 병이다"라고 말했었죠(웃음).

확실히 나는 곤란한 사람이나 문제를 안고 있는 사람이 있으면 그 문제를 해결하고 싶어집니다. 정확하게는, 눈앞에 뭔가 문제가 있으면 '나라면 어떻게 할까'를 진지하게 고민하게 됩니다. 돕는다기보다는 당사자로서 진지하게 고민합니다.

어째서 그런가 하면, 그 사람을 좋아하기 때문도 불쌍해하기 때문도 아닙니다. 그 사람을 기쁘게 하는 일이 재미있기 때문이지요. 그러니까 어디까지나 생각일 뿐이지만, 문제가 해결되었을 때 그 사람이 기뻐해준다면 그것이 누구여도 상관없습니다.

물론 시간이 무한정 있지는 않으므로, 그 사람이나 그 문제를 최종적으로 얼마만큼의 시간 동안 함께할지는 선택해 가는 수밖에 없습니다. 이것이 일종의 딜레마입니다.

특히 인터넷이 등장하고 나서는 장소, 거리, 물리적인 공간과 같은 제약이 한꺼번에 사라져버려, 딜레마를 겪는 일이 많아졌습니다.

'내가 무엇을 할 수 있을까'를 생각하다 보면, 결국 마지막에는 시간의 제약을 받게 됩니다. 예를 들어 어느 하루 일과를 생각했을 때, 지금까지는 내가 교토에 있을 경우에는 교토에 있는 사람만 만날 수 있었습니다. 그래서 교토에 있는 사람만 떠올리며 '누구를 만나서 좋은 시간을 보낼까?' 이렇게만 생각하면 됐었죠. 하지만 지금은 인터넷이 보급되면서 지구 반대편에 있는 사람과도 일상적으로 교류할 수 있게 되어버렸습니다.

또한 인터넷은 내 도움의 계기를 확장시켜줍니다. 옛날에는 누군가가 어딘가에서 곤란을 겪어도 '내가 도와줄 수 있는 일이 있을지도 몰라'라는 사실을 모른 채 살아갈 수 있었지만, 지금은 '어쩌면 내가 도움이 될지도 몰라'인 상황을 알게 됩니다. 그렇다고 시간의 제약이 사라진 것은 아닙니다.

즉, 누구와 무엇을 할 것인가의 선택지는 이전보다 비약적으로 늘어났을지 몰라도, 수십 명, 수백 명과 함께 할 수는 없다는 거죠. 그렇다면 어떤 선택을 해야 하루라는 시간을 후회없이 사용할 수 있을까. 이런 일이 매우 어려운 주제로 떠올랐습니다.

소위 '효율적으로 일하자'라는 착실함만을 의미하는 게 아닙니다. 왜냐하면 시시한 것을 멍하니 생각하는 시간 또한 결코 헛되지 않으니까요.

그렇다면 결국, '자신의 유한한 시간과 에너지를 어디에 쏟는 편이 좋을까'라는 문제가 됩니다. 계속 생각하다 보면 '자신이 태어난 의미'까지 고민하게 됩니다.

어느 쪽이든 영역만 넓어질 뿐이라면 아무것도 할 수 없게 됩니다. 회사로서의 선택도 그렇지만, 막연히 대중을 향한 행동이 되어버리면 전체를 위해 할 수밖에 없으

므로 하나하나를 신경 쓸 수가 없으니까요. 그러면 깊이
도 없고, 그리고 무엇보다 부차적으로 생겨나는 것도 없
습니다.

그러므로 역시 개인이든 조직이든 할 수 있는 일을 정
확히 정리해서 후회가 없도록 우선순위를 정합니다. 후
회란 하기 마련이지만, 가능하면 하고 싶지 않다고나 할
까. '저때 저랬으면 좋았을걸'하는 일이 조금이라도 줄어
들었으면 좋겠다고 늘 생각하곤 합니다.

내가 전혀 다른 환경에 있다면
좀더 취미를 즐기면서 살고 있겠죠.
나는 원래 내버려 두면,
재미있어 보이는 일을 하면서
때때로 주위 사람들에게 그것을 보여주고
그들이 즐거워하면 행복해하는 사람입니다.
내 생각입니다만,
아무리 고민해도 달리 방법이 없는 일에
괴로워하지요, 사람이란.
괴로워해서 해결된다면
괴로워해도 좋을 텐데,
괴로워해도 해결이 안 되고,
괴로워해도 이득이 없는 일을
인간이란, 고민하고야 말지요.

나보다 젊고 경력이 짧고 경험이 얕아도
작성한 프로그램이 간결하고 빨랐다면

이것이 확실히 '좋다'라는 걸 알잖아요.
똑같은 일을 했음에도
더욱 간결하고 빠른 프로그램이 있다면
그쪽이 뭔가 좋은 것입니다.
경의를 표하며 그 방법을 배우는 것은
당연합니다.
내가 할 수 없는 일을 해낸 사람이라면
성격이 좋든 싫든
그것과는 별개로 존경심을 갖습니다.
이런 점이
공정이라면 공정이지 않을까 싶네요.

예를 들어 어느 음식점에서 손님이,
나온 요리를 보고 '많다'라고 합니다.
이때 '많다'라고 한 사람은
왜 '많다'라고 했을까요.
그 밑바탕에는 사실 '많다'가 아니라
'맛없다'가 문제일 수도 있습니다.
따라서 사실은 그다지 많지도 않은데
'많다'라고 했던 문제만을 보고
'맛없다'에 신경 쓰지 않는다면

양을 줄인다고 해결되지 않습니다.
진짜 문제가 '맛없다'라면,
'맛없다'를 고치지 않고
"많아서 양을 줄였습니다"라고 해봤자
얼핏 해결된 듯해도 실은
아무것도 해결되지 않습니다.

자신이 뭔가에 빠져들 때
왜 빠져들었는지를 확실히 알면
그 프로세스를, 다른 기회에
공감대를 이루는 방법으로
활용할 수 있습니다.

물건을 만들 때, 매번
'사람이 수고할 수밖에 없다'와
'이런 일은 기계가 하면 되는데'
사이에서 고민합니다.
그래서 나는 일찍이
'기계가 하면 되는 일을 자동화하는 구조'를
만들고자 했습니다.
원래 나는 단순 작업을 싫어합니다.

편해지고 싶고, 재미있는 일만 하고 싶습니다.
그래서 단순한 일로 매일 몇 번이고
같은 수고를 하는 것이
싫어서 어쩔 수 없이…….
이런 일은 다른 사람에게 시키기도 너무 싫거든요.

'연령, 성별, 경험에 상관없이
모두가 즐길 수 있는 물건을 만든다'라는
닌텐도의 미션을 다룰 때의 자세와,
'기능은 단순해야 좋다'든지
'이해하기 쉬워야 한다'든지
'그 자리에 선택지가 너무 많으면 고객이 당황하므로
단순화하는 편이 낫다'와 같은
애플의 기업철학, 더 구체적으로 말하면
스티브 잡스라는 사람의 가치관에는
일정한 공통점이 있다고 생각합니다.
하지만 애플은 하이테크 기업이고
닌텐도는 엔터테인먼트 기업이므로,
아무래도 우선순위에 큰 차이가 있습니다.
예를 들어, 우리는 0.5밀리 더 얇게 만드는 것보다
튼튼하게 만드는 것을

틀림없이 주저하지 않고 선택하겠지만,
반대로 애플이 아이팟을 자전거 짐바구니 높이에서
몇 번이고 떨어뜨리는 내구성 시험을 해야 한다고는
생각하지 않습니다.
애플과 닌텐도에 공통점이 있다면
'단순하게 만듦으로써 매력을 더욱 돋보이게 한다'
이런 게 아닐까요.
사물은, 끝까지 파고들다보면 점점 단순해집니다.
그렇긴 해도 둘은 역시 다릅니다.
우선순위가 다르니까요.
나는 연설이나 강연을 할 때면
원고를 모두 직접 쓰고
발표 자료까지 직접 만들어야만
마음이 놓이는 타입입니다.

제 4 장

이와타 씨가 믿는 사람

아이디어란
여러 문제를 단번에 해결하는 것

"아이디어란 여러 문제를 단번에 해결하는 것입니다."

이것은 게임을 만들 때 닌텐도의 미야모토 시게루씨가 했던 말로, 미야모토씨는 게임 제작의 한 가지 방법론으로 이야기했지만 나는 게임 제작에만 한정되지 않는 사고방식이라고 생각합니다.

모든 것이 그렇겠지만, 뭔가를 만들 때 '저쪽을 세우면 이쪽이 서지 않는' 문제는 항상 있기 마련입니다.

따라서 무슨 일이든 '이렇게 하면 잘 된다' '이렇게 하면 나빠진다'라는 문제가 생깁니다. 하지만 현실에서 제품을 만들 때, '곤란한 일이 한 가지뿐'인 복 받은 일 따위는 없습니다. 곤란한 일은 이곳저곳에 얼마든지 있습니다. 제품뿐만 아니라 조직도 그렇고 대인관계도 마찬가지죠.

이런 경우에 "이건 이러니까 이러면 좋습니다"라며 한 가지를 개선하더라도 전체를 바꿀 수는 없습니다. 노력해서 하나를 잘하더라고, 뭔가 부작용이 생기기도 하고 지금까지 잘되던 일이 잘 안되기도 합니다.

그래서 아이디어를 내는 회의에서 "이 문제를 어떻게 할까요?"라는 논의를 할 때, 당연히 여러 사람이 다양한 이야기를 하지만 대부분 이것은 한 가지 문제를 해결할 뿐이고 그 밖의 다른 문제들은 해결하지 못합니다. 즉, 땀 흘린 만큼만 전진할 뿐입니다.

게임 이야기를 하자면 많은 경우, 재미가 부족해서 고민합니다. 당연히 재료가 많이 투입될수록 재미있고 사람들은 만족합니다. 하지만 제작에 할당되는 인력의 양과 시간은 유한합니다. 유한한 상황에서 "많을수록 좋다"라고 해봤자 해결할 수도 없습니다.

그런데 때때로, 그저 한 가지를 했는데 이쪽도 잘되고 저쪽도 잘되고 게다가 예상치 못했던 문제까지 해결되는 경우가 있습니다.

이런 '한 가지'를 미야모토씨는 "없을까, 없을까" 하면서 항상 고민했던 거지요. 엄청 끈질기게, 끝없이요.

예전에 내가 HAL연구소의 사장으로 근무하던 시절, 갑자기 미야모토씨가 전화를 걸어온 일이 있었는데 그 첫마디가 뭐라고 생각합니까?

"알았어요. 이와타씨"라는 말이었습니다.

미야모토씨가 "알았다"라고 한 것은 그 당시 함께 만들던 게임의 아이디어였습니다. 분명 "이 아이디어로, 고민하던 문제 서너 개가 해결되었다"라는 말이었어요. 문득 떠오른 한 가지 생각으로 이것도 잘되고 저것도 잘되고……. 이런 것이 '좋은 아이디어'인데, 이것을 찾아내는 일이야말로 전체를 움직여 목표에 가까워지게끔 합니다.

디렉터라고 부르는 사람의 임무는 이런 아이디어를 찾아내는 일이다. 이것이 미야모토씨의 생각이지요.

절대 게임에 국한된 이야기가 아니라고 생각합니다. 세상은 저쪽을 세우면 이쪽이 서지 않는 경우로 가득합니다. 이러한 상태를 '이율배반(trade off)'이라고 부르는데, 세상 모든 사람은 이율배반적인 문제에 직면합니다.

돈은 많이 들일수록 좋다. 인력은 많은 편이 좋다. 투입된 시간이 길수록 좋은 물건이 나온다. 이런 말은 뻔한 내용입니다만, 이 뻔한 일을 하는 동안은 다른 사람과 똑같은 방법으로 나아갈 뿐이므로 경쟁력이 없습니다.

그렇지만 '이것과 이것을 조합하면 이런 일이 일어나겠지'라는 것을 발견했을 때, 보통의 사람들이 알아차리지 못하는 단면이 있을수록 가치가 생깁니다. 여러 개의 별개 증상으로 보이는 문제가 하나의 뿌리로 연결되어 있기도 하고, 하나를 바꿨는데 얼핏 보기에 연관성이 없어보이던 다른 부분에도 영향을 미쳐 여러 문제가 동시에 해결되기도 합니다.

이렇게 하나의 아이디어가 여러 문제를 단번에 해결하고 전체를 한눈에 조망할 수 있었던 그 순간, 미야모토씨는 "알았다"라며 전화를 걸어왔던 것이지요.

미야모토씨의
'어깨 너머의 시선'

게임개발자로서 활약하기 시작할 무렵, 내가 만든 작품이 팔리지 않으면 '왜 팔리지 않을까?'를 생각했습니다.

스스로 말하기에 좀 이상하지만, 기술적으로는 뒤처지지 않는다고 생각했습니다. 하지만 별로 팔리지 않았습니다. 그러나 미야모토 시게루씨가 만들면 내가 참여했던 소프트웨어의 몇 배, 때에 따라서는 몇십 배나 팔렸습니다. 프로그램의 품질만 놓고 보면 분명 뒤지지 않았을 텐데 말이죠.

고객에게 인정받고 싶었던 거죠. 미야모토씨처럼요.

미야모토씨는 "이렇게 하면 이렇게 될 거야" 하는 식으로 만듭니다. 물론 다른 사람보다는 훨씬 타율이 높습니다만 신이 아니므로 실수할 때도 있습니다.

그런데 실수를 어떻게 만회하는가 하면, 회사 내에서 그 게임을 접했던 적이 없는 사람을 불쑥 데려옵니다. 데려와서는 아무 설명도 하지 않고 툭 하고 컨트롤러를 쥐어주며 "자자, 해봐"라고 말합니다.

아직, 미야모토씨가 지금처럼 세계적인 게임 디자이너로 평가받기 전, 계장이나 과장일 무렵부터 그랬습니다.

그 시절부터 미야모토씨는 아무것도 모르는 사람을 붙잡아 와서는 컨트롤러를 툭 건넵니다. 그리고는 "자자, 해보게"라고 하고 뒤에서 말없이 바라봅니다.

나는 이것을 '미야모토씨의 어깨 너머의 시선'이라고 부릅니다만.

그 중요성을, 함께 일하기 전에는 몰랐습니다. 함께 일하면서 비로소 '아, 이거다'라는 생각이 들었지요.

게임 제작자는 게임 구매 고객 개개인에게 "이렇게 만들었습니다. 이렇게 즐겨주세요"를 설명하러 갈 수가 없습니다. 당연하지만요. 그러니 어쩔 수 없이 모든 것을 제품에 맡기는 겁니다.

그런데 제품으로 이런 것을 전달하기에는 역부족입니다. 그래서 전달을 못합니다. 제작자가 상상도 못 하는 부분에서 고객들은 예상외의 당혹감을 느끼기도 합니다.

미야모토씨는 '어깨 너머의 시선'으로 이것을 찾는 셈이지요.

아무것도 모르는 사람이 제품을 가지고 노는 모습을 뒤에서 보다보면, '아, 여기를 모르는구나' 또는 '저기에 삽입한 장치는 끝내 알아차리지 못하고 다음으로 넘어가 버렸어' 또는 '먼저 이걸 해주지 않으면 나중에 곤란할 텐데' 이런 것들이 산더미처럼 많다는 걸 깨닫게 됩니다. 사전지식이 없는 상태에서 고객이 어떤 반응을 하는지 알게 되지요.

그래서 미야모토씨는 자신이 아무리 실적이 좋은 게임 디자이너라 해도 '고객이 몰랐다면 내가 틀렸다'라고 생각합니다.

간단히 말하면, 미야모토씨는 고객의 시선을 찾아내는 방법을 매우 일찍부터 확립했고, 반면에 나는 내 프로그램이 잘 만들어졌는지 여부에만 정신이 팔려 고객이 어떻게 느끼는지에 대해서는 생각하지 못한 것입니다.

옛날의 나처럼, "나는 이게 좋네요"라며 모든 고객을 대표하듯 확신에 차서 말하는 제작자는 많습니다. 실은 '고객은 이렇게 반응한다'라는 사실과 '이건 왜 그럴까'라는 질문을 시작으로 '자 그럼, 어떻게 하면 근본적인 문제를 해결할 수 있을까?'를 고민해야만 합니다. 하지만 "나는 이렇게 생각해!"라는, 사실과 가설이 뒤죽박죽 섞인 의견을 관철시켜버리는 경우가 많습니다.

미야모토씨의 특별한 점은, 자신이 고집하는 부분에서는 엄청 제멋대로인 반면, 기기를 처음 접하는 사람이 어떻게 느끼는가에 관해서는 굉장히 냉정하게 바라본다는 점입니다. '고객에게 전달되지 않는다'라고 깨달으면 재빠르게 잡아 빼서는 다르게 생각해봅니다.

여태껏 가까이서 보던 것을 갑자기 굉장히 멀리서 바라보며 다시금 고친다고나 할까. '돋보기안경을 쓰고서 봤구나' 했는데 지상 1만 미터에서 다시 한번 보고, 이런 일에 굉장히 빠릅니다.

보통은 하나의 견해를 지니면, 거기서부터 사물을 보는 각도가 고정되어 버리는 사람이 더 많습니다.

미야모토씨가 말하는 '한 가지로 여러 문제를 해결하는 아이디어'는 가까이에서 볼수록 더욱 알 수가 없습니다. 시점을 움직이지 않으면 알아차리지 못하기 때문에 보통의 사람이라면 생각해내지 못합니다.

미야모토씨는 가뿐히 시점을 움직일 수 있으므로, '누군가 쓰러질 것 같으면 대타를 쓴다'와 같은 단순한 해결책이 아닌 것을 도출해낼 수 있습니다.

세상 사람들 대부분은 미야모토씨를 예술가라고 생각

하겠지요. 영감을 중시하는 우뇌형의 천재성으로 일반인이 생각하지 못하는 것을 신의 계시를 받듯이 계속해서 생각해내는 사람이라고 생각할 겁니다.

하지만 그렇지 않습니다.

미야모토씨는 굉장히 논리적입니다. 그렇다고 해서 이게 전부는 아닙니다. 극히 좌뇌형인 논리적 사고와 미술의 길을 목표로 했던 사람만이 가능한, 톡톡 튀는 비약적인 사상이 양쪽 머릿속에 있습니다. 약 오르긴 하지만 부럽습니다.

내게도 우뇌형의 영감이나 재능이 전혀 없지는 않겠지요. 하지만 역시 미야모토씨와 일을 하거나 이토이씨를 만나면 우뇌의 기능면에서는 경쟁하고 싶지 않습니다. 거기는 불리해요(웃음).

서투른 분야보다는 자신이 잘하는 분야에 승부를 걸어라, 이것이 나의 기본적인 생각입니다.

컴퓨터를 정확하게
이해하는 미야모토씨

미야모토씨는 지금까지 컴퓨터나 프로그램을 체계적으로 배운 적이 없습니다. 그런데도 컴퓨터가 매우 단순했던 시절부터 게임 제작을 통해 다양한 경험을 했었기 때문에 자신이 원하는 바를 실현하기 위한 도구로서 컴퓨터를 정확히 이해하고 있습니다.

물론 컴퓨터에서 어떤 식으로 프로그램을 짜는지와 같은 전문적인 일은 모르겠지만, 컴퓨터라는 기계가 무엇을 잘하고 무엇을 못하는지에 대한 이해는 매우 정확합니다.

예를 들어, "못합니다"라고 말하는 프로그래머가 있을 때, "어떻게든 해주세요"라고 하는 게 아니라 "어떤 구조로 되어 있지?" 이렇게 묻습니다. 그러면 프로그래머가 구조를 설명해 줄 테고, "그럼 이 구조를 이렇게 이용하면 이건 가능하지 않을까?" 이렇게 제안하면, "그렇다면 가능합니다" 이런 식이 됩니다.

예를 들어, 〈피크민〉100마리의 피크민이 독립적으로 행동하면서 적과 장애물을 물리치는 인공지능 액션이 참신한 게임이라는 게임을 만들 때가 바로 그랬습니다. 이 게임의 하나하나의 움직임이나 구조는 단순합니다. 그런데 이것들 전체가 깨지지 않고 움직이게 하려면 굉장히 어려워집니다. 컴퓨터는 한 번의 작동으로는 단순한 것만 할 수 있지만, 그 단순한 것을 조합하여 복잡한 처리를 할 수도 있습니다. 이것이 프로그램의 재미이자 어려움입니다.

미야모토씨는 게임 전체를 움직이기 위한 프로그램 설계를 하지는 않습니다. 하지만 하나하나의 단순한 구조에 대해서는 상당히 정확하게 알고 있다고 생각합니다.

원리와 기능을 알고서 말하는 사람이거든요. 미야모토씨는. 그래서 전문적인 지식이 없어도 프로그래머와 소통이 가능하지요. 자신이 바라는 바를 실현하기 위해, '못한다'라고 믿는 프로그래머를 대신해 어떻게 하면 할 수 있을지를 제안할 수 있습니다.

이런 게임 디자이너는 그리 많지 않을걸요.

이곳저곳에 이런저런 것들을 자꾸만 더할 수 있는 사람은 매우 많습니다. 이런 방향성의 제품은 미야모토씨의 도움을 빌리지 않아도 상당히 높은 수준으로 만들 수 있습니다. 실제로 완성된 제품을 하나하나 찬찬히 살펴보면 놀라울 정도로 잘 만들었습니다.

하지만 게임의 인상을 결정짓는 요소는 역시 이런 게 아닙니다.

\<MOTHER2\>를 다시 살리는
두 가지 방법

〈MOTHER2〉원래 명칭은 〈MOTHER2 기그의 역습〉. 이토이 시계사 토가 관여한 〈MOTHER〉 시리즈 제2탄라는 게임의 개발이 파탄나려 했을 때 개발현장에서 나를 조력자로 불렀습니다. HAL 연구소의 사장과 프로그래머를 겸하던 시절이었지요.

확실히 게임이 완성되는 흐름은 아니었습니다. 그래서 먼저, "이대로는 할 수 없을 것 같습니다"라고 이토이 시 게사토씨에게 딱 잘라 말했습니다.

그리고 이렇게 말했습니다.

"괜찮다면 돕겠습니다만, 이 일에 관해서는 두 가지 방 법이 있습니다"라고요.

그리고는 훗날 게임 팬들 사이에서 유명해진 이 말을 했습니다.

"지금 있는 부분을 활용하면서 수정해나가는 방법으로 는 2년이 걸립니다. 처음부터 다시 만들어도 괜찮다면 반 년 안에 하겠습니다."

결과적으로는 처음부터 다시 만드는 쪽이 선택되었지 만, 나는 어느 쪽이었어도 할 생각이었습니다. 어느 쪽 방법이었어도 완성되었을 겁니다.

"당신이 제일 나은 방법으로 선택하십시오"라고 했다면 분명 처음부터 만드는 쪽을 선택했을 겁니다. 하지만 그때는 프로젝트를 다시 살리는 역할로 내가 뒤늦게 합류했으므로 어느 쪽이 선택되더라도 할 생각이었습니다.

왜냐하면 지금까지 만들어온 사람들이 있었으니까요. 갑자기 나타난 인간이 "처음부터 다시 만듭니다!"라고 선언했다면 납득을 못하는 사람이 생겼을 겁니다. 현장의 분위기가 무너져 버리면 잘될 일도 나빠져 버립니다. 따라서 가능성 있는 선택지를 제시하는 편이 옳다고 생각했지요.

〈MOTHER2〉의 개발기간은, 개발을 시작하고 나서 최종적으로 완성하기까지 모두 5년 정도입니다. 4년간은 내가 없었고 마지막 1년 동안만 내가 도왔습니다.

나는 게임을 처음부터 재조정하기는 했지만, 각각의 요소는 내가 없는 4년 동안에 만들어졌습니다. 그래픽도 있었고 시나리오도 사운드도 어느 정도 완성되어 있었죠. 즉, 재료는 거의 갖추어져 있었습니다.

내가 처음 개발현장에 갔을 때도 개별 데이터는 거의 갖춰져 있었죠. 그래서 나는 "일단 좀 움직여 보겠습니다"라고 하면서 그 당시 만들던 데이터를 먼저 가지고 돌아왔습니다. 그리고 1개월 후쯤, 게임맵이 스크롤로 움직이도록 작업해서 이토이씨를 비롯한 여럿에게 보여주었습니다. 그랬더니 모두 굉장히 놀라더군요(웃음). 모두가 비정상적인 강도로 놀랐기 때문에 나는 반대로 굉장히 신기했습니다. '아니, 일반적인 일을 했을 뿐인데 뭐지'라고 하면서요. 그 정도로 개발이 벽에 부딪혀 있었던 거지요.

결국 〈MOTHER2〉는 반년 정도 만에 전체가 연결되어 처음부터 끝까지 즐길 수 있게 되었습니다. 이후에 한 번 더 다듬어서 출시하자고 하여, 반년간 약간의 조정을 거친 후 발매할 수 있었습니다.

결과만 놓고 보면, 내가 합류하고서 1년 만에 게임이 완성된 겁니다. 하지만 그 1년으로만 완성된 것은 아닙니다. 〈MOTHER2〉라는 게임은 4년간의 시간이 있었기 때문에 완성될 수 있었습니다. 1년 만에 만들었다면 그 안에 가득한 재미와 맛은 절대 나올 수 없었을 겁니다. 게임이 좌절될 때까지의 4년간이 무의미했던 것은 절대 아닙니다. 고민했던 사람들의 시행착오는 모두 게임 안에 살아있습니다.

'어른도 아이도
누나도'

〈MOTHER〉이토이 시게사토가 제작한 닌텐도의 첫 번째 RPG라는 게임은 옛날부터 많은 팬에게 사랑을 받으며 '나는 이 부분이 좋다'라는 평이 많은 소프트웨어입니다. 하지만 사람에 따라 언급하는 추억의 포인트가 상당히 다르기도 합니다.

음악이 좋다는 사람도 있고, 역시 대사표현이라는 사람도 있고, 좋아하는 장면도 모두 다릅니다. 어떤 한마디에 울었다는 사람도 있고 겟푸[5]의 소리가 싫었다는 사람도 있습니다. 이미 다양한 부분에 각자의 추억이 있는 셈이죠. 감동으로 눈물이 날 것 같은 부분부터 "시시해!"라고 하면서 웃는 부분에 이르기까지, 자기 안에 단단히 박혀 있습니다.

그래서 다른 사람의 말을 들으면, 나의 포인트와는 다른 부분인데도 '맞아 맞아 맞아!' 이런 생각이 듭니다. 내가 추억을 말하면 이쪽저쪽에서 "맞아 맞아 맞아"라고 하는 말소리가 들리기도 합니다.

---

5 〈MOTHER〉에 나오는 악역 캐릭터.

어째서 〈MOTHER〉라는 게임이 특별한가를 생각하니, 역시 이토이씨라는 존재 때문이라는 생각이 들었습니다. 지금 게임을 만드는 사람 중에 이토이씨 같은 사람이 없기 때문에 〈MOTHER〉 같은 게임이 없는 거지요.

이토이씨는 <u>스스로</u>가 한때 비디오게임에 빠져서 놀았던 경험이 풍부하므로, 이런 의미에서 게이머 기질이 탄탄합니다. 동시에 보통의 게임을 만드는 사람들이 전혀 경험하지 못한 다양한 일들을 경험했기 때문에, 이 두 가지가 어우러져 자신만의 개성으로 이어지지 않았을까요.

〈MOTHER〉는 큰 형식상으로는 일본적인 RPG[6] 작법을 따르는 게임이어서 여기에는 오히려 특별한 점이 없습니다. 하지만 종합적으로는 비교 대상이 없을 정도로 개성이 강한 게임이지요. 이것은 게임 안에 이토이씨가 가득 채워 넣은, 재미있는 일이라든가, 애틋한 일이라든가, 상식 밖의 일이라든가, 시시콜콜한 일이라든가, 모든 놀이가 영향을 미치기 때문이라고 생각합니다. 역시 없습니다. 이런 게임은요. 아무 곳에도요.

'어른도 아이도 누나도'

이토이 시게사토씨가 쓴 〈MOTHER2〉의 광고문구입

---

6 롤플레잉 게임. 각 캐릭터가 게임 세계에서 모험과 시련을 극복하며 목표에 이르는 서사 구조를 기반으로 하는 게임.

니다. 내가 완성에 관여하면서 이토이씨와 만나는 계기가 되었던 〈MOTHER2〉의 이 광고문구는, 내가 닌텐도의 사장이 되고나서 내걸었던 '게임 인구의 확대'라는 콘셉트로 이어지게 됩니다. 뭐랄까, '게임 인구의 확대'란 말하자면 '어른도 아이도 누나도'인 셈이지요(웃음).

또한 〈MOTHER2〉에는, 게임을 오랫동안 하다보면 게임 속 아빠로부터 "조금 쉬면 어떨까?"라는 전화가 걸려오는 시스템이 있습니다. 이것은 Wii의 개발 콘셉트에도 활용되었습니다. 이런 '2시간 아빠' 시스템이 없었다면, 게임의 종합적인 플레이 시간을 기록하는 Wii의 기능은 있을 수 없었겠지요.

따라서 〈MOTHER2〉라는 게임은 내가 개발에 참여했다는 것 이상으로, 많은 영감을 받은 굉장히 특별한 작품입니다.

이토이씨에게
이야기한 업무철학

매우 생생하게 기억하는 일이 있습니다. 〈MOTHER2〉
의 개발이 끝난 직후의 일입니다만, 나는 이토이 시게사
토씨에게 당시 내가 일하던 HAL연구소의 고문이 되어
달라는 부탁을 하러 이토이씨의 사무실을 방문했습니다.
그때 나는 어찌된 일인지 내 업무철학을 이토이씨에게
이야기했습니다. 그 당시 했던 말은 지금도 역시 변함이
없습니다.

"나는 다른 사람이 기뻐해주면 즐겁기 때문에 이 일을
합니다. 이것은 고객일 수도, 동료일 수도, 일의 발주자일
수도 있지만, 어쨌든 나는 주위 사람들을 기쁘게 하는 일
을 좋아합니다. 주위 사람들의 행복이 나의 에너지입니
다" 이런 말을 했었지요.

어째서 이런 말을, 당시 알게 된 지 1년 남짓이어서 아
직은 그다지 거리가 가깝다고 할 수 없는 사람에게, 어떻
게 이렇게 솔직하게 말할 수 있었는지는 지금도 미스터
리입니다만(웃음).

아니, 예를 들어 20년 지기 친구라면, 이런 말을 하더라

도 이상하지 않지만……. 마치 20년간 알고 지낸 선배에게 말하듯이 이야기했습니다. 이야기할 수 있었습니다.

가장 잊을 수 없는 것은, 내가 이야기를 마치자 이토이씨가 "나도 그렇다네"라고 응수한 일입니다. 나는 생각했지요.

'아아, 그래서 괜찮았구나. 여러 가지 면에서 스타일이 전혀 다르고, 성격도 완전히 다르고, 걸어온 길마저도 다른데, 나와 이토이씨가 묘하게 닮은 것은 동일한 업무철학이 있었기 때문이구나'라고요.

이때부터 내 멋대로 이토이씨와의 거리가 매우 가까워진 듯한 기분이 들었습니다. 나와 이토이씨의 교제가 지속되는 이유도 이처럼 '소중히 여기는 것'이 매우 비슷하기 때문입니다. 내가 나의 업무철학을 처음으로 이야기했을 때, 이토이씨가 진심으로 "나도 그렇다"라고 답해주었기 때문에 관계가 지속되는 거겠죠.

지금도 '남에게 도움이 되었다'든가 '누군가가 기뻐해주었다' 같은 일은 항상 나의 에너지가 됩니다. 이를테면 고객들의 설문조사 결과를 보는 일이 즐겁습니다. 제품을 칭찬해 주거나 즐거웠다고 하면 지금도 매우 기쁩니다.

아마도 내가 일하는 이유, 더 나아가 내가 존재하는 이유의 확인으로 이어지기 때문이겠죠. 이런 것이 없으면 에너지가 아무리 강해도 금방 방전되어 없어져버리고 맙니다.

하지만 고객의 웃는 얼굴이나 동료의 "고맙다"라는 말을 들으면 에너지는 다시금 충전됩니다. 닌텐도의 일이란, '고객이 싱글벙글 웃어주는' 일이기 때문에 오히려 우리가 힘을 얻곤 합니다.

야마우치 히로시씨가
했던 말

내가 HAL연구소의 재건을 시작했을 무렵부터 약 5년간, 그러니까 닌텐도에 들어가기 전입니다만 1년에 두세 번, 당시 닌텐도 사장이었던 야마우치 히로시씨의 이야기를 정기적으로 엿볼 기회가 있었습니다. 나와 이토이 시게사토씨, 가끔은 미야모토 시게루씨까지 가세해서요.

야마우치씨가 어떤 의도로 이런 시간을 마련했는지 지금으로서는 알 수 없지만, 확실히 내게는 교육이 되었습니다. 아마 뭔가를 이야기하면 우리들이 받아들이리라 생각하셨겠죠. 틀림없이 바쁘실 텐데 시간을 내어 열심히 이야기해 주었습니다. 별로 웃지 않는 것으로 알려진 야마우치 사장이 우리에게 이야기할 때는 항상 싱글벙글했습니다.

지금 생각하면 그것은 학교나 다름없었습니다. 경영학교. 오락이란 무엇인가. 소프트웨어란 무엇인가. 닌텐도는 무엇을 중요하게 여기는 회사인가. 닌텐도는 무엇을 해야 하고 무엇을 해서는 안 되는가.

예를 들어, 야마우치씨는 "닌텐도는 싸우면 진다. 그러니 다른 곳과 싸워서는 안 되네" 이렇게 말했지만, 이것을 지금의 비즈니스 용어로 바꿔 말하면 '블루오션 전략'인 셈이지요.

이를테면 야마우치씨는 꽤 일찍부터 새로운 하드웨어를 만들 때도 지금까지와 같은 것을 반복하듯이 새로운 하드웨어를 내놓아봤자 새로움은 느껴지지 않을 테고 게임하는 사람은 줄어들거라는 이야기를 했습니다. 휴대용 게임기, 거치형 게임기까지 포함해, 비슷비슷한 게임기를 만들어봤자 개성이 없다고요. 개성이 없는 곳에서는 가격경쟁이 일어날 뿐이라고.

또한 야마우치씨는 종종 '적합과 부적합'이라는 말을 했습니다. 이것은 내가 회사를 경영할 때의 기준인 '잘하는 것을 늘린다'라는 재능론과 뿌리가 같습니다. 당시의 나는 젊었으므로 '이렇게 사람을 적합과 부적합으로 판단하면 노력한 보람이 없는 것 아닌가' 이런 생각마저 들었지만, 이제 와서 보면 역시 본질을 꿰뚫고 있었다는 생각이 듭니다.

이후로도 야마우치씨로부터 다양한 이야기를 들었습니다. 반복해서 여러 번 한 말은 "지금까지와 똑같은 일을 하지 말라"였습니다. 이를 상징하는 에피소드가 훗날 닌텐도 DS로 이어지는, "게임기는 2개 화면으로 해야 한다"라는 제언입니다. 결과적으로 그대로 실현되었지만 내가 생각한 이 말의 진짜 의미는 "2개 화면으로 할 정도로, 지금까지와 달라 보이는 것을 만들라"였습니다. 역시 "지금까지와 똑같은 일을 하지 말라"가 핵심이었을 테지요.

따라서 야마우치씨의 '2개 화면'은, 닌텐도 DS가 나오기 훨씬 전부터 나와 미야모토씨 안에 과제로 자리 잡고 있었지요. 그러던 어느 날 '터치스크린 기술과 2개 화면을 휴대용 게임기에 조합하면 재미있겠다'라는 생각이 떠오르면서, 이것이 구체적인 아이디어로 "해결했다!"가 되었지만요.

그때의 일을 선명하게 기억합니다. 미야모토씨와 자주 점심을 먹으러 가는 회사 근처의 이탈리아 음식점 주차

장에서 미야모토씨와 이야기를 하다가 생각이 떠올랐습니다. '아, 이거다!'라고요(웃음).

이렇듯 야마우치씨의 말은 내 안에 남아있습니다. "지금까지와 똑같은 일을 해서는 안 된다"라는 말은 정말이지 몇 번이고 들었습니다. 다만 그렇다고 해서 바로 해답이 평하고 나오는 건 아니므로 "조금만 기다려주세요"라고 하면서 과제로 떠안게 되었지요. 이후에도 야마우치씨의 신념은 줄곧 변하지 않았기 때문에 일관되게 항상 같은 말을 했습니다. 그러자 그 말이 어느샌가 우리에게로 옮겨 오더라고요. 그래서 지금은 내가 똑같은 말을 하게 되었습니다. 뭐, 말투는 좀더 부드러워졌다고 생각합니다만(웃음).

어쨌든 나는 야마우치씨의 말을 항상 기억합니다. 왜냐하면 닌텐도라는 회사를 기적처럼 성장시킨 사람이니까요. 이 사람의 말은 존중해야 합니다. 만약 야마우치씨의 말을 "이제 와서 그런······"이라고 하는 사람이 있다면 나는 이렇게 말할 겁니다.

"지금의 닌텐도가 있는 것은 기적 같은 일이야"라고 말이죠.

이토이씨가 해주는 말은
내가 절대로 하지 않는 발상이거나
내가 절대로 사용하지 않는 시점입니다.
그래서 내가 예상하지 못한 공이
항상 오지만요…….
하지만 이쪽에서 제대로
받을 수 있는 공을 던져주거든요.
잡을 수 없는 경우는 한 번도 없었습니다.
그런데 받아본 적 없는 공이 오기 때문에
이게 재미있을 수밖에요.

야마우치씨가 닌텐도에서 완수한 역할은
너무나 큽니다.
아마 야마우치씨가 없었다면
닌텐도라는 회사는 지금과 달랐을 겁니다.
예를 들어 닌텐도 DS가
왜 2개 화면으로 되었는가 하면,

야마우치씨가 2개 화면을 굉장히
고집했기 때문이지요.
좌우지간 "2개 화면으로 해 달라"라는 요구가 있어서,
그 강한 요청이 있었던 덕분에,
나와 미야모토씨는
'2개 화면을 살릴 재료는 무엇일까?'를
계속 고민하게 되었지요.
이 고민은 결과적으로, '한쪽 화면을
터치스크린으로 사용하자'라는
아이디어로 이어집니다.
따라서 야마우치씨의 열정이 없었으면
닌텐도 DS는 이런 모양새가 아니겠지요.

'게임을 여러 번 되풀이해도 재미있어할
구조를 만든다', 이것이
미야모토씨가 했던
굉장한 일 중 하나라고 생각합니다.

미야모토씨는 시험 제작 중인 소프트웨어를
잠깐 접했을 뿐인데
우리가 알아차리지 못한 것을 단박에 간파합니다.

이런 일이 몇 번이나 있었습니다.
본인은 무의식적으로 했겠지만요.
이거, 듣고 나니 분하네요(웃음).

가끔 '배가 출항하기 직전인 상태'일 때,
미야모토씨 탓에 구조를 다시 잡을
처지에 놓이곤 하지요(웃음).
이로 인해 하드웨어가 좀더 좋아지는
상황이 매번 일어납니다.

나는, 게임 제작에 대해
미야모토씨로부터 배운 것이 너무나 많거든요.
배웠다기보다는 훔쳤다는 편이 나을지도 모릅니다.
이미 HAL연구소 시절부터 보면서
흉내 내가며 터득했거든요,
말하자면 닌텐도 밖에 있을 때부터.

'어째서 미야모토씨는 항상 성공하는 걸까'라고 하면서
눈을 크게 뜨고 주의 깊게 관찰해 온 셈이지요.
지금은 왠지 불가사의한 운명으로
같은 회사에서 제품을 만들게 되어,

이것은 이것대로 너무 재밌지만요(웃음).

미야모토씨의 발상법에서

굉장히 재미있는 것 중 하나는

'기능에서부터 시작한다' 입니다.

예를 들어, '이야기상 이런 사람을

등장시키고 싶다'가 아니라

'이곳에 아무도 없으면 재미가 없다'라는

기능적인 이유에서부터 시작합니다.

산업디자인을 했던 사람의 발상답습니다.[7]

예를 들어, 옛날 미야모토씨가

〈슈퍼 마리오 월드〉[8]에서

마리오를 요시[9] 위에 올렸을 때도

발상의 시작은 '기능'이었습니다.

무슨 말인가 하면,

슈퍼 패미컴이라는 기종은 스프라이트

(※ 화면에 그림을 표시하기 위한 기술적인 구조)를

가로로 너무 많이 늘어놓을 수가 없거든요.

요시가 어째서 그런 형태가 되었는가 하면,

---

7 미야모토 시게루는 대학에서 산업디자인을 전공했다.

8 슈퍼 패미컴과 동시 발매된 시리즈 제4탄. 새로운 캐릭터인 요시가 데뷔한 게임.

9 마리오가 타고 다니는 공룡으로, 마리오를 돕는 파트너 캐릭터.

요시가 마리오와 함께 겹쳐졌을 때가

가로로 늘어선 스프라이트의 수를

제한할 수 있는 형태이기 때문이죠.

요시의 설계도를 보면 알 수 있지만

순전히 기능에서부터 디자인했습니다.

따라서 요시를 공룡과 같은 형태로 한 것은

마리오를 공룡에 태우고 싶었기 때문이 아니라

기능 면에서 허용되는 형태가

공룡과 비슷했기 때문입니다.

미야모토씨는 게임의 맨 첫 부분을

기능적으로 매우 중요하게 여깁니다.

따라서 첫 부분에서 플레이어에게 전달해야 할 내용이

무엇인지가 매우 명확하므로,

그렇기 때문에 "이것이 부족하다"든가

"이런 순서로 보여줘야 한다"라는

지시를 확실하게 내릴 수 있는 거겠죠.

현장에 있는 개발자는

처음으로 게임을 하는 사람이

어느 지점에서 당황할지에 대해

느끼는 정도가 점점 둔해지므로

개발 막바지에 이를수록 그 지점을 알 수 없게 됩니다.
그렇기 때문에 미야모토씨가 나중에 들어와서는
이른바 '밥상 뒤집기' 같은 일을 하는 것이
실은 필연적이라 할 만하죠.

미야모토씨의 지적을 하면서도
소재를 헛되이 하지 않는 발상은 정말 대단합니다.
나는 항상 이것에 감탄하곤 합니다만,
밥상을 뒤집는 유형의 사람은
소재를 펑펑 버리며 가는 경우가 많은데
미야모토씨는 '소재를 버리면 아깝다'
이 부분이 철저합니다.
거기서 사용할 수 없게 된 소재가 있어도
잘 기억해두었다가
다른 곳에서 사용하기를
제안하기도 합니다.
이런 부분도
'밥상 뒤집기'라는 말의 이미지와는
조금 다른 점이겠네요.
미야모토씨라면,
상대가 '불가능한 이유'를 거론하더라도

반대로 어떻게 해야 할 수 있는지를
거꾸로 상대방이 내뱉도록 한 다음
그것이 가능한 여건을 준비해갈 테니까요(웃음).
'상대방이 움직이지 못하도록 하고서
피할 수 없는 급소를 찌른다'라고 할 수 있지요.

세상 사람들은 미야모토씨를
'많은 유명 캐릭터에 둘러싸여
이것을 자유롭게 사용하는 사람',
이렇게 생각하는 듯합니다.
그래서 뭔가 게임을 만들어서
그곳에 유명 캐릭터를 휙 붙이면
단박에 모두의 관심이 쏠린다고 하지요.
나처럼 오래전부터 미야모토씨를 아는 사람은
사실은 그렇지 않다는 걸 알고 있지만요.

마리오가 처음에는 그저 점프맨이어서
아무도 '마리오'라는 이름을 알지 못할 때부터
미야모토씨는 마리오를 키워왔고,
동키콩마리오의 데뷔작. 동키콩에게 잡혀 있는 여성을 구출하는 액션 게임
이라 해도,

〈젤다〉원래 명칭은〈젤다의 전설〉. 주인공 링크를 조작해 문제를 풀어가는 게임

의 링크라 해도,

피크민이라 해도, 마찬가지로 키워왔던 거지요.

다시 말하면, 처음부터 캐릭터가 있어서

저절로 주목받은 것이 아니라

재미있는 요소를 끝까지 고민해서

이것이 최종적으로 매우 화려해지거나

또는 그대로의 모습으로 세상에 나오는 것이지요.

결국 '미야모토 매직'이라 부르지만.

미야모토씨로서는 당연한 작업 과정을

신중하게 더듬어 가며 찾는 셈입니다.

나는 천재를 이렇게 정의합니다.

'사람들이 싫어할 만한 일이나

사람들이 지쳐 계속할 수 없을 법한 일을

끝없이 계속할 수 있는 사람'

이런 사람이 '천재'라고 나는 생각합니다.

생각하기를 그치지 않는 일이라든가

어찌 되었든 끝없이 파고드는 일.

피곤하면서 대가가 있을지도 확실하지 않고,

몹시 힘든 일이라고 생각하거든요.

하지만 이것을 할 수 있는 사람에게는 고생이 아니지요.
이것을 고생이라고 생각하는 사람은,
고생이 아니라고 하는 사람을
절대로 이길 수 없습니다.
그러니까 재능이지요.
스스로가 고생으로 여기지 않고 계속할 수 있어서
가치 있는 일을 찾아낼 수 있는 사람은
이것만으로도 무척 행복하다고 생각합니다.

나는 세계 제일의
'미야모토 시게루 연구가'이니까요(웃음).

제 5 장

이와타 씨가 지향하는 게임

우리가
목표로 하는 게임기

과거에는 비디오게임기의 보급 확대가 가정의 '내 전용 텔레비전'으로 이어졌습니다. 이 배경에는 게임기의 보급과 가정에 놓이는 텔레비전 증가의 움직임이 같았다는 점이 있습니다. 실제로 가정 내에서 텔레비전 대수가 증가하던 시기와 예전에 패미컴, 슈퍼 패미컴이 침투하던 시기는 완전히 들어맞습니다.

하지만 디지털 방송의 시작을 계기로 대형 평면 텔레비전이 등장하면서 다시 한번 '대형 텔레비전은 거실에 하나'인 시대로 돌아왔습니다.

그 당시 Wii는 이 커다란 화면의 텔레비전에 연결되는 것을 목적으로 설계되었습니다. 대형 텔레비전 앞에는 약간의 공간도 있으므로 모두가 몸을 움직이거나 와자지껄 노는 일이 가능했거든요. 스스로 말하기 뭣하지만, 굉장히 근사한 발상이었다고 생각합니다.

게임기는 그 기계 자체의 성능보다도 어떤 환경에서 놀 수 있는가를 철저하게 고민할 필요가 있습니다.

당연하지만 고객에는 여러 유형이 있습니다. 다양한 고

객들의 다양한 관점에서 제품을 보면, 같은 목적으로 만들었을 제품이 이 사람에게는 이렇게 보이지만 저 사람에게는 저렇게 보이는 식으로 모습이 바뀌어 버립니다.

예를 들어 이것이 자동차였다면, 이런 사람에게는 이런 차, 저런 사람에게는 저런 차, 이런 식으로 다양한 라인업을 전개해갈 수 있겠지만, 닌텐도가 출시하는 게임기는 이런 제품이 아닙니다.

그렇다면 궁극적으로는 '어느 각도에서 봐도 매력적'인 게임기를 목표로 하는 수밖에 없습니다. 하지만 이처럼 완벽한 게임기를 만들고자 한다면, "애초에 인터넷에 접속하지 않는 사람은 어떻게 합니까?" 같은 논의가 시작되면서 끝없는 자기점검을 반복하는 상황이 됩니다. 그래서 가능한 한 여러 각도에서 검토하며 구멍을 메워가게 됩니다.

이런 시대에 우리가 목표로 하는 게임기는 더욱 일상적으로 접할 수 있는 비디오게임기입니다. 게임으로 매일 논다기보다는 일상 속에 게임기가 녹아든 듯한 모습이 이상적입니다.

옛날에 게임이 아주 잘나가던 시기에도, 자신은 게임과 상관없다고 생각하며 게임기를 만지지도 않는 사람들이 많았습니다. 이런 사람들조차 왠지 이 기계는 해가 되

는 게 아니라 오히려 자신에게 유익한 물건이라는 생각
이 들도록 하고 싶습니다. 일상적으로 접하다보면 어느
새 비디오게임의 재미를 알게 되겠죠. 이런 사람이 점점
늘어난다면 좋겠다고 진심으로 생각합니다.

원래 비디오게임기란, '텔레비전을 놀이 도구로 삼는
기기'를 뜻하지만 이 놀이 도구의 정의가 향후에는 점점
더 넓어지리라 생각하거든요.

집에 돌아오면 무의식적으로 텔레비전을 켜는 사람이
많습니다. 보고 싶은 프로그램이 특별히 없어도 텔레비
전 전원을 켜는 것은 왜일까요. 집에 돌아왔을 때 일단 바
로 옆에 있는 리모컨으로 스위치를 켜면 항상 뭔가가 나
오므로, 아무것도 하지 않는 것보다는 좀더 행복해지기
때문입니다. 이런 심리가 바탕에 있으므로 텔레비전이
이토록 많이 세상에 보급되었겠죠.

이렇게 일상적으로 게임기의 전원을 켜게 될 때가 가
장 기다려집니다. 이상한 말이지만, 게임기에 전원만 켜
지면 이후는 우리들의 실력 발휘인 셈입니다. 아니 그렇
지만요, 그리 간단한 일은 아닙니다. 비디오게임기에 전
원을 켜게 하는 일이 말이죠.

상점에 오는 사람이 없으면 아무리 훌륭한 제품이어도
팔리지 않듯이, 전원을 켜주지 않으면 아무리 훌륭한 게

임이어도 즐기지 못합니다. 또한 세상에는, 가지고 놀면 재미있지만 그런 것이 있는지를 몰라서 즐기지 못하는 게임기가 산더미입니다. 고객의 행동이란 기본적으로는 대개 수동적이어서, 게임을 스스로 찾아보기는 쉽지 않습니다. 이런 사람에게도 재미가 전해지도록 해야만 합니다.

비디오게임의 역사를 이렇게 말하면 너무 노골적이긴 하지만, 예전에는 〈드래곤 퀘스트〉일본의 국민 게임이라 불리는 RPG와 새로운 〈마리오〉가 출시되었을 때만 벽장에서 꺼내서 놀고, 평소에는 텔레비전에 연결도 하지 않은 채 내버려두던 시기도 있었지요. 그렇기 때문에 일단은 게임기를 텔레비전에 연결해놓고자 했습니다. 그래야 다음 단계로서, 서서히 매일 기계의 전원을 켜게 될 테니까요.

우선 구조를
이루는 놀이를 만든다

내 생각입니다만 비디오게임기로 대표되는 대화식 오락의 강점은, 가지고 놀던 시절로부터 10년이나 15년이 지나면 추억이 된다는 점입니다. 소설이나 영화로도 확실히 감동을 받지만, 감동의 기억은 있어도 줄거리조차 말하지 못하기도 합니다. 그런데 게임은 직접 조작해서 상호작용하며 관여하는 오락이기에 자신에게 각인되는 방법이 굉장히 독특하고 강합니다.

이런 의미에서 직접 상호작용하며 관여해 가는 놀이라면, 기존의 비디오게임과 같은 종류가 아니어도 상관없습니다. 취급하는 장르나 주제 역시. 지금까지와 다른 착안점이 없으면 흥미를 갖는 사람의 절대 규모는 증가하지 않습니다. 따라서 닌텐도 DS는 '게임 인구의 확대'를 목표로, 과거에 게임이 다루지 않았던 주제를 적극적으로 가져왔습니다.

나는, 세상 사람들이 우리가 만든 것 하나만 가지고 놀며 그것만으로 만족하기에는 고객들이 너무나 많은 것을 경험한다는 생각입니다.

많은 것을 경험할수록, 더 다양하게 즐기도록 하고픈 욕망은 점점 커집니다. 그리고 이런 것 전부를 뒤쫓다보면 아무리 시간이 지나도 게임기는 완성되지 않습니다.

그렇기 때문에 우리가 만드는 하드웨어에는, 우선 구조를 이루는 놀이를 만들고 여러 사람이 거기에 자신의 놀이를 보태거나 공유할 수 있도록 했습니다. 다양한 놀이의 발상을 끄집어내는 '좋은 뼈대'가 하드웨어에 미리 짜여 있으면 훗날 발전하는 힘이 크게 달라집니다. 이런 의미에서 '이런 토대가 있으면 앞으로 좋을 것 같다'를 사전에 제대로 판단하는 일이 플랫폼 설계에서 매우 중요한 핵심이 됩니다.

따라서 우리가 만드는 게임기는 단순히 고성능이기만 한 게 아니라 다양한 놀이가 펼쳐지는 기기이기도 합니다. 이 필연성에는 자신감이 있습니다. 다만 그러면서도 우리가 만든 게임기에 대해, 전체적인 콘셉트뿐만 아니라 "이번에 나오는 ○○라는 게임은 굉장해!" 이런 말을 설레면서 하고 싶습니다. 우리는 이런 게임기를 만들고 싶고, 지금도 만들고 있습니다.

황당한 주장에서 시작한
논의라도 헛되지 않다

나는 Wii를 개발하면서, '가정에서 게임을 적대시하지 않게 하려면 어떻게 해야 좋을까'를 끊임없이 고민했습니다. 그래서 생각해낸 가설이 실은 황당한 주장에 가깝기는 하지만, 부모가 게임을 '하루 1시간'으로 정했다면 게임을 시작하고 1시간 후에 정말로 전원이 꺼져버리는 사양은 어떨까 생각했습니다. 글쎄요 뭐, 게임회사 사장으로서는 해서는 안 될 생각이지요(웃음).

물론 데이터는 완전히 저장되고 나서의 일입니다. 그렇다 해도 황당한 사양이긴 합니다만 어쨌든 나는 진심이었기 때문에(웃음). 아니, 가혹한 말이라는 걸 압니다. 하지만 이 정도로 생각을 극단적으로 뿌리치고서 논의하지 않는다면 새로운 일을 할 수가 없습니다. 적어도 이런 의식을 지니고 논의하는 일은 가치가 있죠.

그랬더니 역시, 논의는 격렬했습니다. 아무래도 이것은 허용할 수 없는 의견이라든가, 이 정도로 극단적이지 않으면 엄마의 적대감은 사라지지 않는다든가 하면서요. 기술적으로 가능한지도 논의하고, 1시간이 지나면 전체 데이터가 저장되는 사양은 가능한지, 다음날 다시 시작하면 어떻게 되는지. 이런 것들을 한차례 확실히 따졌지요.

뭐, 최종적으로는 이것이 얼마나 어려운 일인지 알게 되었고, 이런 목적을 달성하기 위해서라면 강제로 전원을 끄는 것보다 더 좋은 방법이 있다고 해서, 이 사양은 없어졌지만요.

결국, 이 논의로부터 생겨난 것이, 어떤 게임을 얼마나 플레이했는지를 모두에게 알려주는 '게임 이력'입니다. '게임은 하루 1시간'이라는 약속을 지키기 위해 강제로 전원을 꺼버리기보다는 '게임 이력'을 통해 부모와 아이가 서로 소통하며 약속을 지키는 흐름을 만드는 편이 훨씬 매력적이거든요.

생각해보면 나의 황당한 주장에서 시작된 일이지만, 이로부터 생겨난 흐름이나 논의는 헛되지 않았다고 생각합니다. 글쎄요, 성가시게 해버린 사람은 있지만요.

전원이 꺼지는 사양은 없어졌지만, '밤에는 팬을 돌리지 않는다'라는 아이디어는 실현했습니다. Wii는 24시간 내내 전류가 흐르는 '잠들지 않는 기계'를 지향하기에, 아무래도 이것은 양보하기 어려웠습니다. 하지만 밤중에 게임기의 팬이 돌고 있으면 엄마는 "또 켜둔 채 그냥 둔 거야!"라고 하면서 전원을 뽑아 버릴지도 모르니까요.

기존의 연장선 위에
있는 것이야말로 두려웠다

닌텐도 DS가 이렇게까지 단기간에 인정받아 서양에서까지 유명해지리라고는 상상해본 적이 없습니다. 그렇게 낙관적일 정도로 나는 우둔하지 않거든요. 이것은 Wii를 출시하려는 지금도 마찬가지입니다.

지금까지와는 전혀 다른 제품의 가치를 세상이 어떻게 받아줄지 불안합니다. 하지만 그렇기 때문에 반대로, '이것을 전해야만 한다'라는 의지도 강합니다.

우리가 하려는 일이 지금까지의 연장선이 아니라는 점은, 성공이 보증되지 않음은 물론 '최소한의 타구'라든가 '나쁘지만 잘 쳤다'같은 뻔뻔함조차 보이기 어려운 일이기도 합니다. 어쩌면 크게 미끄러질지도 모릅니다.

개발 초기에는 모두가 불안합니다. 기술적인 것, 목표하는 바가 구체적으로 보이지 않는 것, 방침이 잘 이해되지 않는 면도 있으리라 생각합니다. 아무래도 남들과 다른 길을 취하는 것은 본래 두려운 일이니까요. '다 함께 가면 두렵지 않다'가 요즘의 일반적인 흐름임에도 남들과 다른 일을 해야만 합니다. 그럼에도 다른 일의 종류도

규모도 크면서 남들과 정반대로 가고자 할 때는 특히 두려움이 큽니다. '남들과 다른 일을 하면 칭찬받는다'가 닌텐도라는 기업의 문화이긴 하지만요.

하지만 나 자신은 무엇보다도 기존의 연장선 위에 있는 것이 두려웠습니다.

언제 변해야 하는지는 분명 아무도 모릅니다. 우리가 방향을 틀었을 때, 닌텐도의 새로운 방향이 1년 후에 인정받을지 2년 후일지, 3년 후일지 아니면 5년 후일지 그것은 알 수 없습니다.

하지만 기존의 연장에 미래는 없습니다.

지금 이대로 진행하면 점점 힘으로만 하는 싸움이 되어, 따르는 고객의 수도 점점 적어집니다. 따라서 그쪽이 아닌 길로 방향을 트는 일만큼은 이미 확실했습니다.

어느 정도로 방향을 틀어야만 세상 사람들이 바로 이해하고 공감할지는 모르겠습니다. 하지만 똑바로 이 연장선을 따라가더라도 미래가 없기는 마찬가지니까요. 미래가 없는 길의 끝을 향해 천천히 나아가는 것. 이것은 우리가 노력하는 방향으로서 의미가 없다고 생각했으므로 그때 이미 결심을 굳혔습니다.

게임하는 사람의 수가 늘어난다면 미래는 반드시 이어진다. 이에 대한 확신이 있었습니다.

다시 한번 시간을
되돌리더라도 같은 것을 만든다

컨트롤러라고 부르는 하드웨어의 시험 제작과 이것을 사용한 소프트웨어의 시험 제작, 이 두 가지 움직임의 신속한 연결이 닌텐도 컨트롤러 제작의 비밀입니다.

즉, 하드웨어 측에서 컨트롤러에 대한 제안이 있으면 바로 소프트웨어 측이 시제품을 만들어 그 반응을 하드웨어 측에 피드백합니다. 이런 피드백이 모여 제품이 탄생합니다.

한 손으로 사용할 수 있는 Wii의 컨트롤러만 해도, 돌이켜보면 이런 식으로 정해졌다는 생각이 듭니다. '누군가 한 사람의 위대한 아이디어로 이렇게 되었다'가 아니라 '많은 사람의 생각들이 신기하게 융합되어 이렇게 되었다'라는, 상상도 못할 경위로 최종적으로 이런 형태가 되었다는 느낌입니다.

Wii를 세상에 내놓기 위해 그야말로 상자 몇 개가 가득할 정도의 실물 크기 모형과 시제품, 시험 제작한 소프트웨어가 있었지만 역시 전부 헛된 것은 아니었습니다. 이것들이 굉장한 속도로 돌아다니다가 몇몇 운명적인 기술을 만났을 때 여러 가지 문제가 단번에 해결되었으니까요.

Wii라는 제품도 처음부터 출구가 보였을 리 없습니다. 하지만 현재의 연장선에 답이 없다는 것만은 확실하니 오히려 나아가야할 방향은 정해져 있었던 거죠.

그 와중에 시간은 당연히 한정되어 있고 지금까지처럼 제품 출시도 소홀히 할 수 없어서, 새로운 기기를 준비하면서 새로운 휴대용 게임기를 출시했습니다. 지금까지의 흐름을 전부 돌이켜보면, 과정 중 작은 부분에서 "그랬더라면 좋았을걸"이라는 말은 얼마든지 나올 수 있지만, 완성된 Wii 자체에는 "그랬더라면 좋았을걸"이라는 말이 이상할 정도로 없습니다.

정말이지 "다시 한번 시간을 되돌리더라도 같은 것을 만들겠다"라고 당당하게 말할 수 있을 정도입니다.

둘이서 만든
<스매시 브라더스>

〈스매시 브라더스〉 시리즈의 시작은 1999년에 닌텐도
64용 소프트웨어로 개발된 〈닌텐도 올스타! 대난투 스매
시 브라더스〉입니다만, 그 원형은 사쿠라이 마사히로와
내가 둘이서 만들었습니다.

아직 닌텐도의 캐릭터를 집어넣기 전 단계의 게임입니
다. 기획, 사양, 디자인, 모델링, 모션 모두를 사쿠라이가
하고, 프로그램은 나 혼자, 그리고 사운드에 또 한 명. 이
러니 어떤 의미에서는 수제품의 끝판왕이죠.

당시 우리가 일하던 HAL연구소는 다양한 소프트웨어
를 직접 다루면서, 정말로 우리가 만들고 싶은 것, 결과물
로 내야할 것을 모색하는 시기였습니다. 이때 사쿠라이
가 뭔가 재미난 것을 구상 중이라 해서 "그런 건 뚝딱 만
들어 작동시키는 편이 낫다"라고 하면서, "나는 프로그램
을 짤 테니, 기획을 해" 이렇게 사쿠라이를 독촉했지요.

그렇긴 해도 당시에는 두 사람 모두 일을 맡고 있어서
따로 시간을 낼 수가 없었습니다. 나도 평일에는 시간이
없어서 주말에 프로그램을 작성하는 상태였고요. 사쿠라

이로부터 사양과 데이터를 받아 작성해서는 "이렇게 되었는데?"라고 주고받으며 형태를 취해 나갔죠. 재미있는 경험이었습니다.

결국 프로그램을 만드는데, 초기 단계부터 꽤 반응이 있었으니까요. 당시에는 이렇게까지 규모 있는 게임이 되리라고는 생각지 못했지만요.

〈스매시 브라더스〉는 시리즈를 거듭할수록 캐릭터도 늘어나고 형태도 다채로워져, 소프트웨어 한 개라고 하기에는 이상하리만큼 분량이 많습니다. 기본적으로 나는 모든 게임이 양을 늘리는 방향으로 진행되는 것은 좋지 않다고 생각하지만, 〈스매시 브라더스〉라면 그렇게 생각하지 않습니다. 양을 채워 넣은 효과가 있다고나 할까. '무엇이든 들어가는 그릇' 같은 면이 있어서, 이 게임은 분량이 많아도 좋다고 생각합니다.

<와리오>의 지향점은
닌텐도가 할 수 없는 일을 한다

〈메이드 인 와리오〉1개당 5초 정도의 미니게임 213가지가 수록된 순간 액션 게임 시리즈가 이토록 꾸준히 만들어질 줄은 기획했던 초기에는 상상도 못했습니다. 매우 좋은 의미에서 의외였지만, 이 〈메이드 인 와리오〉 시리즈는 현재 닌텐도의 모토인 '새로운 고객에게 다가간다'라는 노선의 선구자격인 소프트웨어이기도 합니다.

말하자면, 〈메이드 인 와리오〉가 새로운 길로의 문을 열어주었다고나 할까요. 게임의 영역이 넓어서 즐기는 방법이 매우 자유롭기 때문에, 짧은 시간 집중해서 놀 수도 있고, 오랜 시간 몰입할 수도 있습니다. 이처럼 놀이의 동작범위(dynamic range)가 넓다는 점은 오늘날의 닌텐도가 지향하는 방향과 매우 가깝습니다.

〈메이드 인 와리오〉를 만들 당시, "닌텐도가 할 수 없는 일을 하자"라고 자주 말했던 기억이 납니다. 흥미롭게도, 첫 작품인 〈와리오〉마리오의 라이벌 캐릭터를 어떻게 팔면 좋을지를 굉장히 열심히 고민했던 이가 미야모토 시게루씨였지요.

'닌텐도가 할 수 없는 일을 한다'란, 극단적으로 말하면 '미야모토씨가 만들 것 같지 않은 것을'이라는 의미이기도 해서, 이런 발상으로부터 태어난 '아류'를 다른 사람도 아닌 미야모토씨가 팔려고 했다는 게 매우 흥미롭습니다. 미야모토씨 본인이라면 만들지 않을 만한 것을 다름 아닌 미야모토씨 자신이 원했다고 할까요.

이 게임에는 지금도 잊지 못할 일이 있는데요.

〈메이드 인 와리오〉 시제품 가운데 '레코드플레이어'라는 것이 있었습니다.

요약하자면, 회전의자 위에 게임보이 어드밴스를 태웁니다. 이러고서 그 의자를 빙글빙글 돌립니다. 그러면 게임 속 레코드플레이어가 이 회전에 맞춰 돌기 시작한다는(웃음). 의자를 돌리는 속도에 따라 음악의 속도도 바뀝니다(웃음).

나는…… 그때…… 하염없이 의자를 계속 돌리고 있었지요(웃음). 때때로 "…… 시시해" 하면서요. "시시해"라고 말하면서도 매우 즐거웠습니다. "시시해"는 최고의 칭찬이었죠(웃음).

라이트 유저와
코어 유저

나는 Wii 컨트롤러의 정식 명칭을 '리모컨'으로 하자는 의견을 강하게 요청했습니다. 이상하리만치 고집스러웠지요.

왜냐하면 집에서 텔레비전 리모컨이란, 대개는 흔히 손이 닿는 위치에서 굴러다니면서 모두가 일상적으로 손에 들고 조작하잖아요. 이 리모컨과 게임의 컨트롤러를 똑같이 취급해주길 바랐고 게다가 최종적인 형태마저 비슷했기 때문에, '리모컨으로 불러야 한다'라는 확신이 들었습니다.

'어째서 텔레비전 리모컨은 가족 모두가 만지면서 게임기 컨트롤러는 만지지 않는가' 이것이 Wii를 개발할 때의 중요한 콘셉트이었기 때문에 "무조건 이것은 리모컨입니다!"라며 우겨댔지요.

지금은 십자 버튼과 AB 버튼이라는 인터페이스에 아무도 의문을 품지 않습니다.

하지만 20년도 더 전에는 많은 사람이 "이걸로 게임을 하라고?"라는 의구심을 가졌습니다. 그러니 우리가 앞으로 해야 할 일을 제대로 한다면, 지금은 매우 이상해 보이는 것들이 새로운 표준으로 바뀌어가지 않을까요.

지금까지의 게임이란, 대부분 게임이라는 정해진 틀 안에서 만들어졌습니다. 하지만 이 틀은 새로 만든 것이나 마찬가지였죠. "이렇게 하지 않으면 게임답지 않아"라면서요.

그러니 이제는 낡은 틀에 얽매이지 말고 영역을 더욱 넓혀야 하지 않을까요. 그래서 개발한 게임이, '뇌를 단련하는 게임'이라든가 '개와 생활하는 게임' '영어 공부 하는 게임' '요리를 만드는 게임'입니다.

'이런 걸 게임이라고 불러도 되나' 싶은 사람도 있을 겁니다. 게임에 대한 보상이 스코어나 판 깨기(클리어)가 아닌 실생활에 효과로 드러나는 것뿐이니까요.

이런 식으로 닌텐도는 게임을 하지 않는 사람에게 다가가고 있지만, 결코 게임하는 사람을 무시하는 것은 아닙니다. 게임을 하지 않는 사람도 게임을 이해하게 되어야만 게임의 사회적 지위가 좋아진다고 생각하는 것이지요.

게임만 하면 안 된다든가 뇌가 손상된다든가 하는 어설픈 이야기까지 포함해, 게임에 사회적으로 나쁜 이미지가 먼저 생겨버리면, 게임을 좋아하는 사람들마저 게임을 하는 것에 묘한 죄책감을 느끼고 맙니다.

게임을 하지 않던 사람이 게임을 하고 게임의 재미를 이해하게 되면 완전히 바뀔 수 있습니다. 게임을 하는 사람이 사회에서 느끼는 기분이 더 좋아진다면 게임다운 게임도 만들기가 더 쉬워집니다.

실제로 닌텐도는 게임을 하지 않는 사람에게 신경을 쓰면서도 게임다운 게임 만들기를 중단하기는커녕 몇 년이고 공을 들여 〈젤다의 전설〉을 만들었습니다. 열정이 있다는 뜻이지요.

닌텐도 DS의 성공이 불러온 '시간과 물량을 들이지 않고도 좋은 제품이 가능하다'라는 사고방식은 가치가 있다고 생각합니다. 반면, 〈젤다의 전설〉의 품질과 물량을 직접 확인한 사람이 '역시 수많은 우수한 인재들이 충분한 시간을 들여 제품을 만들 가치가 있군!'이라는 느낌을 갖는 것도 중요합니다.

이 두 가지가 동시에 있어야 양쪽 모두에게 좋으리라 생각합니다. 이처럼 폭이 넓어야만 하고, 어느 한쪽이 없으면 건전하지 못할 테니까요.

애초에 라이트 유저나 코어 유저를 분리하여 생각해서는 안 됩니다. 왜냐하면 모두가 처음에는 라이트 유저였을 테니까요.

라이트 유저로 시작해, 개중에는 참을 수 없을 정도로

게임이 좋아졌다는 사람도 있습니다. 그런데도 뭔가 양쪽의 태생이 다른 것인 양 너무 많이들 이야기하는 것 같습니다. 시간을 무시하고 처음부터 이런 것처럼 잘라서 이야기하면 오해가 생기기 마련입니다.

하지만 이게 아닙니다. 게임을 너무나 좋아하고, 매우 잘하는 사람도 옛날에는 라이트 유저였겠지요.

이렇게 생각하면 역시, 새로운 사람이 계속해서 게임의 세계로 들어오는 일은 매우 중요합니다. 새로운 사람이 들어오도록 하지 않으면 고객은 언젠가는 반드시 사라지고 맙니다.

게임 안에 의미 없이 놓인 돌멩이가 있을 때
"이걸 왜 놓았지?"라고 물으면,
"그냥" 이렇게 답하지만
"그냥"이 가장 나쁩니다.
게임을 만들 때
아무래도 처음에는 이것저것 욕심을 내지요.
하지만 그저 욕심을 내서
많은 기능을 넣는 게 능사는 아닙니다.
'진짜로 필요한 게 뭘까'
골똘히 생각하다보면
이로 인해 가능성이 넓어지기도 합니다.
욕심내어 이것저것 넣기보다는
'줄임으로서 창의적'이 되는
그런 면이 있습니다.

우리의 플랫폼에서
우리가 무척 신경 쓰는 부분은

'작동하기 쉬운 하드웨어와 소프트웨어의 조합'인데,
'같은 방식으로 조작할 수 있다'라는 점에서
'아이부터 노인에 이르기까지
설명서를 읽지 않고도 즐길 수 있어야' 합니다.

어떤 하드웨어가 출시되면
서서히 가격이 내려가면서 5년이면
수요가 한 바퀴 도는,
이런 사이클이 늘 반복되므로,
반드시 이런 판매방식을
고수할 필요는 없다고 생각합니다.
내 개인적인 느낌입니다만,
시간이 지날수록 가격이 내려가는 모델은
고객에게 "기다리는 편이 이익이에요"라고
제조사가 계속 가르친다는 느낌이어서,
'뭔가 잘못된 게 아닐까'라는 생각을
줄곧 했었거든요.
물론 어떤 국면에서도
가격 하락을 부정할 생각은 없습니다만,
오히려 첫 이용자가 되기 위해
가장 먼저 응원해주는 사람이

'나는 먼저 응원해서 손해를 봤다'라는
생각이 들지 않도록 하고 싶습니다.

사양을 결정할 때 정말 중요한 점은
'무엇을 더할까'가 아니라
'무엇을 버릴까'
'무엇을 하지 말까'라는 걸
뼈저리게 실감했습니다.
재미있는 것은,
물건을 만들다보면
여러 가지 요소와 기술을 도입할 기회가
차례차례 생긴다는 점입니다.
하지만 역시 대부분은
"지금은 때가 아니야" 하면서 놓쳐버립니다.
이런 비유가 좋은지 나쁜지 모르겠지만
하드웨어를 만들 때란,
회전 초밥집에 앉아
여러 가지 요소와 기술이 지나가는 것을
지그시 바라보는 것과 같다는 생각이 듭니다.
보고 있다가 휙- 하고 지나가는 요소를
"그래, 이거야!" 하면서 잡을 때가 있죠.

이것이 하드웨어 만들기가 아닐까 생각합니다.

엔터테인먼트의 세계에서는
다른 것과 어떻게 다른지를 한마디로
설명할 수 없다는 것만으로
사람들은 흥미를 잃습니다.
'제약은 창의성의 어머니'랍니다.

백과사전 같은 게임뿐만 아니라
아이디어와 솜씨만 좋으면
잡지나 만화 같은 게임이 있어도 좋습니다.

역시 게임의 구조에는,
'저쪽을 세우면 이쪽이 서지 않는다'든지
'이것과 이것이 이런 관계에 있으니
밀고 당기기가 생겨나 재미있다'
같은 요소가 기저에 깔려 있습니다.
게다가 요즘의 게임은
이런 재미의 축이
한 가지가 아니라 복잡하게 서로 얽혀 있거든요.
그래서 '깔끔하지가 않다'라는 거죠.

'더하고, 더하고, 더하고……'
이런 구조로 되어 있으니까요.

〈젤다〉다움이란
언어화하지 않아도
왠지 모르게 공유가 되는
매우 신기한 가치관입니다.
적어도 말할 수 있는 것은
〈젤다〉는 한 사람의 머릿속에서
모든 것이 탄생한 게임이 아니라는 점입니다.
여러 사람이 고민하면서 서로 아이디어를 내고
각각의 〈젤다〉다움을 명확히 정하면,
또다시 새로운 자극이 가해지며
아이디어가 탄생합니다.
이런 식으로 〈젤다〉다움이
제작자들 사이에서
점차 형성되었으리라고 생각합니다.
〈젤다〉다움이 무엇인지는 확실히 모릅니다만,
〈젤다〉다움을, 개발에 관여한 모두가
항상 의식하고 있다는 사실이야말로
가장 〈젤다〉다운 것 아닐까요.

온라인게임이란,
아무래도 기본적으로는 강자를 위한 영역이어서
한 명의 행복한 사람이 존재하면
백 명 천 명의 불행한 사람이
생겨나는 듯한 면이 있습니다.
이 구조를 전부 부정하려는 것은 아닙니다만,
이런 요소가 있는 한은 어떻게 해도
게임 인구가 일정 크기 이상으로는
퍼지지 않으리라 생각했습니다.
설령 재미있어 보이는 것이 있어도
입구 근방에서 많은 사람이 주저하고 말 것이라고.
그래서 이런 형태가 아니라,
예를 들어, '부모가 자기 자녀에게
안심하고 온라인게임을 건네주려면
어떻게 해야 좋을지' 라든가,
'괴롭힘 없는 세상은 어떻게 해야 가능할지',
이 같은 문제들을 계속 논의했습니다.

인간은 자신이 한 일에 대한 피드백이 있으면
이로 인해 다음 동기가 생겨납니다.
반대로 말하면, 피드백이 없는 일은

계속하지 않습니다.

사람은 피드백이라는 보상을 받아야

움직이는 셈이지요.

온라인게임의 세계에서는 이것을 역으로 이용해서,

'인간이 뭔가를 하면 피드백이 돌아온다'

라는 것을 기본으로 합니다.

이때 피드백에도

기분 좋은 피드백과 좋지 않은 피드백이 있어서

'이 둘을 어떻게 적절히 섞어야 사람들이

게임을 계속하면서

재미있어 하거나 놀라거나 할까',

이런 것을 항상 염두에 두면서 만들고 있습니다.

재미있는 게임은

보는 것만으로도 재미있습니다.

제
6
장

이
와
타
씨
를
말
한
다

▶ 미야모토 시게루가 말하는 이와타씨
"상사와 부하가 아니라 역시 친구였습니다"

미야모토 시게루(宮本茂)

1952년생. 닌텐도 대표이사(전무). 게임 크리에이터. 〈슈퍼 마리오 브라더스〉 〈젤다의 전설〉 등 게임의 역사로 남은 명작 게임의 개발을 맡았다.

잘하는 분야가
달랐으므로

이와타씨와의 첫 만남은 1988년 〈패미컴 그랑프리 II 3D 핫랠리〉_{이벤트용 코스에서 베스트타임을 겨루는 게임}때였던 것 같습니다. 당시 이와타씨는 HAL연구소의 개발부문 책임자였는데, 그 이전에도 닌텐도의 〈골프〉라든가 〈벌룬 파이트〉_{공중을 날아다니며 상대의 풍선을 터뜨리는 게임}를 담당한 우수한 프로그래머라는 존재는 알았지만 직접 만난 적은 없었습니다.

그러던 차에 HAL연구소에서 만드는 레이싱게임을 봐달라고 하더군요.

당시부터 HAL연구소는 기술력이 있었기 때문에 본 적도 없는 대담한 기복이 있는 코스의 레이싱게임을 만들고 있었죠. 그런데 뭔가 부족한 듯 매력이 없어서(웃음). 이것이 아까워 내가 개입해서 주인공을 마리오로 한 랠리게임으로 다시 만들었던 것입니다. 이때 서로의 회사 개발대표로서 "이런 게임으로 합시다"라는 방향성을 논의했던 일이, 나와 이와타씨의 첫 작업이었습니다.

당시 이와타씨는 매우 기술력이 뛰어난 프로그래머로

알려진 반면, 나는 기술이 없는 만큼 아이디어로 그럭저럭 일하던 개발자였지요(웃음). 아무래도 내게는 없는 능력을 지닌 사람을 동경했었기 때문에 이와타씨와 일하는 것은 굉장한 자극이 되었습니다. 이와타씨도 나의 제작 방식이 재미있었을 겁니다. 서로 잘하는 분야가 다르다는 점이 좋았어요. 뭐랄까, 자신에게는 없는 장점이 상대방에게는 많으므로 안심할 수 있거든요. '이와타씨에게 맡기면 문제없다'라는 생각이 들었으니까요. 반대로 잘하는 일이 서로 비슷하면, 대립도 생기기 쉽고 어느 한쪽이 양보해야만 하는 상황도 많아집니다. 하지만 이와타씨와의 작업에서는 이런 배려가 전혀 필요 없었지요.

〈3D 핫랠리〉를 예로 들면, 3D 시점의 레이싱게임이라는 것만으로는 밋밋하니까 마리오 캐릭터를 사용한 랠리게임으로 하자고 제안하는 것이 나의 역할이고, 이와타씨는 자기 회사의 프로그래머들이 지닌 특성과 개성을 고려해서 어떤 팀에서 어떤 식으로 개발할지를 결정해가는 식이었습니다.

둘 다 프로듀서지만 담당하는 분야가 달랐습니다. 그러면서도 실현하고자 한 일은 같았지요. 예를 들어 개발이 막히면, 이와타씨는 기술로 나는 아이디어로 해결하고자 했습니다. 일하는 방식은 다르지만 지향하는 바가 같았지요. 이런 방식은 이와타씨가 닌텐도 사장이 되고 나서도 유지되었습니다.

이와타씨의 대단한 점은 능력이 있어도 겸손하다는 점입니다.

원래 실력이 있는데다가 공부도 열심히 하므로 점점 실력이 붙지만, 항상 겸손해서 남을 떠받치거나 칭찬하며 추켜세우곤 합니다. 문제가 있는 곳에 합류해 프로젝트를 재건할 때도, 새로운 사람으로 들어가 여러 사람을 배려하면서 기존의 사람들을 무시하지 않고 활용합니다. 무척이나 대단한 일이라고 생각합니다.

새로운 것에
이름을 붙인다

이와타씨가 닌텐도의 사장이 되고나서 시작한 좋은 일이 많지만, 그중 하나가 여러 가지 새로운 제도와 구조를 만들어서 그것에 '이름을 붙인' 일입니다.

예를 들어, 새로운 하드웨어를 만들 때는 부서를 횡으

로 자르듯이 팀을 만드는데요, 이와타씨는 여기에 '둥글게 둘러앉기(車座)'라는 이름을 붙이더군요. 이런 이름이 있으니, 여러 부서의 사람들이 모여 이야기하는 일에 모두 긍정적입니다. 딱 맞는 조직도는 없지만 모임이 있다는 건 알고 있으니, 이를테면 '인사부 직원이 여기에 끼어도 괜찮겠지'라는 의견이 나오기도 합니다. 이름을 붙이면 모두가 자연스럽게 역할을 알게 됩니다.

이런 것은 원래 이와타씨가 존경하는 이토이 시게사토씨가 잘하는 일이어서, 아마도 이와타씨가 그로부터 응용했을 가능성이 큽니다. 나도 여기에서 영향을 받아 지금도 작은 모임이나 정례회의에 이름을 붙이기도 합니다. 좋은 이름을 붙이면 회의나 조직은 내버려두어도 굴러가게 됩니다.

뭔가를 결정하거나 시작할 때 혼자서 전체를 움직이는 것이 아니라, 모임이나 구조에 객관적인 이름을 부여하고는 조직 안에 그것을 끼워갑니다. 이와타씨는 이런 일을 굉장히 잘했습니다.

조직의 일뿐만 아니라 제품에 이름을 붙일 때도 이와타씨는 상당히 고민하는 사람이었지요. 예를 들어 Wii를 출시할 때, 컨트롤러를 'Wii 리모컨'으로 부르는 것에 매우 큰 의미를 두었습니다. 여태껏 게임을 접해본 적이 없는 사람을 위해 정식 명칭으로 '리모컨'이라는 단어를 사용해야한다고 줄기차게 이야기했지요. 마찬가지로 처음인 사람도 알기 쉽도록 Wii의 소프트웨어에는 〈Wii Sports〉Wii 리모컨으로 스포츠게임을 하는 프로그램 〈Wii Fit〉Wii 보드로 건강을 관리하는 피트니스 프로그램 과 같이 'Wii'라는 문자를 타이틀에 넣자고 한 사람도 이와타씨입니다. 한편, 닌텐도 DS의 후속작 3DS에서는 그렇게 하지 않았고요.

이름을 붙이더라고 대강 획-하고 정하는 것이 아니라 하나하나 그 이름이 어떠해야 하는지를 고민하는 사람이었습니다.

이와타씨는 일을 마무리하거나 정리하는 능력이 뛰어나게 우수합니다. 정확하고 빨라요. 이름을 붙일 때도 작명 감각이라기보다는, 알기 쉽고 전달도 쉬운 방법을 늘 의식하고 있었을 겁니다.

독해력도 우수해서 다른 사람의 프로그램을 읽는 속도가 빠릅니다. 직접 프로그램을 작성하는 능력도 당연히 있지만 다른 사람의 프로그램을 읽고 이해하는 일에 뛰어납니다. 그래서 바로 수정하거나 고쳐 쓸 수 있습니다. 추리력이 좋다고나 할까, '프로그램을 이렇게 작성한 것은 이렇게 하고 싶어서였겠지', 이런 식으로 이해하기를 즐겼던 것 같습니다. 공부를 열심히 한다기보다 그 자체를 좋아한다는 느낌.

　그리고 키보드 타이핑이 엄청 빨랐습니다. 조금 흉내 내볼까도 생각했었지만 내게는 무리였습니다(웃음).

다르더라도
대립하지 않는다

　다른 사람이 나를 치켜세운 일은 별로 없지만, 이와타 씨는 항상 나를 치켜세우곤 했습니다(웃음). 이와타씨 스스로 '미야모토 연구가'라고 종종 말하기도 했지만, 내가 했던 말을 나 자신은 까맣게 잊었는데 이와타씨가 또렷이 기억하기도 합니다. "아이디어란 여러 문제를 단번에 해결하는 것"이라는 말도 내가 했다기보다는 이와타씨가 널리 퍼트린 것이나 다름없습니다.

　예를 들어, 내가 '어디서부터 착안해서 만들기 시작하는지'에 매우 흥미가 있었는지 이런 이야기를 자주 했습니다. 직접 질문한다기보다는 혼잣말하는 느낌으로. 그것도 즐거운 듯이요(웃음). "이와타씨는 다른 능력이 매우 출중한 사람이니 이제 이런 것은 익히지 않아도 되잖아?"
라고 했지만요.

그렇다 하더라도 크리에이터로서의 능력도 출중했기
때문에, 예를 들어, 〈두뇌 트레이닝〉계산과 음독 등을 반복해 뇌를
활성화시키는 프로그램. 한국판은 〈매일매일 DS 두뇌 트레이닝〉〈매일매일 더욱
더! DS 두뇌 트레이닝〉 등이 있다 시리즈 같은 게임은 이와타씨가
처음부터 쌓아올렸습니다. 그 무렵의 몇몇 DS용 소프트
웨어에 적용한 '주제부터 생각하고 만들어간다'라는 작
업방식도 이와타씨가 독자적으로 발견했지요.

나는 비교적, 인간의 생리 또는 심리라든가 '이런 건 사
람들이 이렇게 느끼겠지' '이런 걸 사람들은 재미있어하
겠지' 같은 것으로부터 기획을 시작하는 반면, 이와타씨
는 더욱 구체적인 주제에서부터 파고듭니다. '뇌를 단련
한다'든가 '뇌가 쇠퇴한다고 느끼면 불안해진다'든가 '쇠
퇴하지 않도록 스스로 뭔가 손을 써야한다', 같은 것들이
사람의 동기로 이어진다는 걸 발견하고는 여기서부터 기
획을 시작합니다. 막연히 뭔가를 생각하는 것이 아니라
기획의 계기가 될만한 주제를 항상 찾고 있었던 것 같습
니다. 하드웨어 제작에서도 마찬가지였지요.

나와 이와타씨는 발상의 방법도 만드는 방법도 다르지
만 갈등이 있었던 적은 한 번도 없었습니다. 비록 의견이

달랐어도 각자의 관점과 가진 정보를 서로 합해서 좋은 의미의 자극으로 삼는다고 할까요.

분명히 다른 점이 있다면 드레스코드에 대한 인식 정도지요(웃음). 이와타씨는 이런 면에서 아주 확실하다고 할까요. 의상에 대한 기준이 없는 장소일지라도 상대방이 불쾌하지 않도록 스스로 기준을 마련하여 정확히 그것을 지키곤 했습니다. 나는 이 점에 대해서는 '적당히 해도 괜찮겠지'라는 느낌이어서(웃음). 글쎄 뭐, 이와타씨는 회사의 최고경영자니까 신경 써야 하는 입장이었겠지만, 이런 느슨함과 엄격함의 차이가 있었습니다.

함께 매진한
<포켓몬 스냅>

나와 이와타씨가 같은 게임에 함께 관여한 적은 거의 없지만, 가장 깊이 관여했던 일은 닌텐도 64의 <포켓몬 스냅>포켓몬을 촬영하는 카메라 액션 게임이 아닐까 싶습니다.

이 게임은, 닌텐도 이외의 게임 크리에이터를 지원하

는 〈잭의 콩나무 계획〉이라는 프로젝트로 생겨난 기획입니다. 뭔가를 카메라로 촬영한다는 기본 틀은 있었지만 어떻게 마무리해야 할지의 문제로 출구가 보이지 않아 난황을 겪고 있었지요.

그래서 나는 사진 촬영 구조를 잡고 있었는데, 이와타 씨는 "아니, 사진 찍는 게임이 좋긴 한데, 무엇을 찍을지가 문제예요"라고 하더군요. 그러고는 어느 날 "미야모토 씨, 포켓몬이라고 생각해요. 모두가 찍고 싶은 대상이"라고 해서. 나도 그게 좋겠다 싶어, 결국은 이것이 게임의 출구가 되었습니다. 그래서 "모두가 찍고 싶은 대상이 포켓몬이라고 생각해요"라는 부분은 이와타씨의 아이디어로, 사진 찍는 시스템을 재미있게 만드는 부분은 나의 업무로, 둘이서 꽤 진지하게 매진한 일이었습니다.

이런 직접적인 현장의 이야기가 아니어도 기획 자체를 크게 키우는 일은 둘이 계속해서 함께 했고, 누군가 새로운 시제품을 가져와서 그것의 줄거리가 좋은지 여부를 판단할 때에는 꽤 의견이 일치했어요. 예를 들어 굉장히 정리가 잘된 제품이 나왔을 때, '안정적이고 크게 실패하지는 않겠지만 이런 무난한 제품을 힘들여 완성하는 일이 의미가 있을까'라는 생각을 나도 이와타씨도 함께 가졌습니다. 이럴 때, 의견이 일치하는 사람이 옆에 있으면 큰 도움이 됩니다.

　게임에 관해 큰 판단을 할 때는 나와 이와타씨가 대체로 일치합니다만 보는 기준은 뜻밖에도 다릅니다. 내가 전혀 보지 못할 법한 기획의 배경을 이와타씨가 감지하고 설명해주는 경우도 자주 있는데 이것이 즐겁습니다.

　아무래도 사물을 볼 때는 자신이 가진 정보를 기준으로 판단을 내리게 되므로, 신뢰할 수 있는 다른 기준과 조율할 수 있다는 건 매우 감사한 일입니다.

책과 회의와
서비스 정신

　이와타씨가 닌텐도 사장이 되고 나서, HAL연구소에 있었을 때와 크게 달라진 점은 비즈니스에 관한 책을 읽게 되었다는 것입니다. 시간이 없는 중에도 많은 책을 읽으면서, 좋은 책이 있으면 모두에게 권했습니다. 나는 그다지 책을 읽는 타입은 아니었지만 그래도 이와타씨가 강력히 권하는 책은 읽고자 했습니다.

이와타씨는 책 속에서 힌트를 구한다기보다는, 평소 생각하던 바를 입증하거나 자기 생각을 책을 통해 다른 사람에게 전달하기 위해 유용하게 사용하는 듯했습니다. '닌텐도가 하는 일은 무엇인가' '지금 회사가 어떤 상황에 처해 있는가' 등을 항상 고민하면서, 책 속에 자기 생각과 같은 내용이 쓰여 있으면 더욱 확신에 차곤 했습니다. '이 책을 직원에게 권해서 읽게 한다면 자기 생각도 설명할 수 있고 회사 내 의견통합도 도모할 수 있다'라는 식으로 책을 활용했습니다. 책을 여러 권씩 사서 가까운 사람들에게 나눠주기도 하고 전체 직원에게 추천 도서를 전달하기도 했습니다.

추천받은 책 중에 인상 깊게 기억하는 것은 행동경제학에 관련된 책입니다. 이와타씨가 가르쳐주기 전까지는 이런 분야가 있는지조차 몰랐습니다. 그런데 읽어보니 '과연, 우리가 하는 일이 이런 것이었구나'라고 하면서 납득이 잘 가더군요. 이와타씨도 꽤 심취한 듯했고, 짧은 시간에 많은 책을 읽어 이해가 깊었습니다. 그리고 만나면 "닌텐도가 하는 일은 이런 것입니다"라든가 "미야모토씨의 생각은 이것에 가깝습니다"라고 말하며 아주 알기 쉽게 설명해줍니다. 이제는 이런 책을 직접 쓸 수 있지 않을까 생각할 정도였지요(웃음).

책 외에 이와타씨가 사장으로서 중요시했던 것이 회의였습니다. '조정자(facilitator)'라는 역할의 중요성도 이와타씨가 재빠르게 회사 내에 반영시켰죠.

조정자란 요컨대 회의를 건전하게 운영하는 사람으로, 그 자리에 크리에이티브가 부족하면 크리에이티브를 더하고, 크리에이티브가 너무 많으면 정리하는 쪽으로 돌리는 역할을 합니다. 말하자면 각 회의의 프로듀서인 셈이지요. '회의에서 답을 이끌어내는 사람(조정자)'의 존재가 어떤 회의에서든 굉장히 중요하다는 점을 회사 내에 설명하며 다녔습니다. 때로는 "당신이 이 팀의 조정자가 되세요"라면서 콕 집어 지명하기도 하면서요. 흥미로운 점은, 이렇게 지명을 받으면 책임의식이라는 것이 싹트게 된다는 점입니다.

이처럼 이와타씨가 회사에 반영시킨 것들은 지금도 상당 부분 회사 안에 살아있습니다. 어쨌든 이와타씨는 자신이 소개한 것으로 회사가 잘 돌아가면 무척 좋아했습니다. 사장의 업무라기보다는 일종의 서비스에 가까웠을지 모릅니다. "덕분에 잘되고 있습니다"라는 말을 들으면 정말로 좋아했습니다.

'가시화'와 전원 면담

이와타씨는 사장인 자신이나 임원들이 어떤 식으로 이런 결정을 내리게 되었는지 적극적으로 직원들에게 알리고자 했습니다. '가시화'라는 키워드를 자주 사용하면서 닌텐도의 경영도 '가시화'하고자 했습니다.

회의록이나 중요한 회의를 공개하는 일뿐만 아니라 직원들이 흥미를 느낄 만한 이벤트를 기획하거나 공감할 수 있는 외부 게스트를 불러 직원들 앞에서 대담하게 하는 등 다양한 정보의 공유 자체를 각자가 즐길 수 있도록 여러모로 연구했습니다.

예를 들어, 어느 이사회 때 줄지어 있는 책상과 의자의 한쪽을 치우고 거기에 커다란 텔레비전을 설치합니다. 그러고는 거기서 평소에 게임을 즐기지 않을 법한 공장장 등에게 새로운 스포츠 게임을 체험하게 합니다. 그러면 바로 재미가 전해지며 공장장도 이미 땀범벅이 되어서는, "아이고, 이건 많이 만들어야겠는걸"이라고 하게 됩니다. 이런 식으로 여러모로 재미있게 공유하는 구조를 만들고자 신경 썼습니다.

이런 의미에서 이와타씨가 중요하게 여겼던 것이 일대

일 면담입니다.

면담은 HAL연구소에 있을 때부터 해왔기 때문에 이와타씨에게는 매우 우선순위가 높았으리라 짐작하지만, 사장에 취임했을 때는 기획개발부의 직원 전원과 면담을 했습니다. 아마 200명 이상은 되었을 텐데 말이죠.

면담이라는 시스템을 회사 내 규칙으로 삼은 건 아니고, 어디까지나 이와타씨 개인의 운영방침으로 했다는 느낌이었습니다. 지금까지 이야기한 다른 것들도 그렇지만 역시 이와타씨는 '이런 일이 좋으니까 하는' 것이죠. 그래서 모두가 납득하는 것이고, 시킨다고는 생각하지 않습니다. 이런 일들을 통해 각자가 스스로 생각하는 시간을 갖게끔 하는 것이 이와타씨의 목표였을 겁니다.

이와타씨가 화내는 일이 있을까요(웃음)? 없습니다. 적어도 언성을 높이는 일은 없었습니다. 물론 엄격하기는 하지만요.

예를 들어 뭔가 문제가 있어 고객을 기다리게 만들었을 때, 문제가 생겼다는 그 자체보다도 '당장 고객에게 설명을 못하고 있다'라는 상황에 엄격했습니다.

이 점은 나도 마찬가지지만, 본질적으로 아무것도 해결하지 못하고 있는데도 자신만은 '실수 없이 잘하고 있습니다'인 듯한 태도에는 화가 납니다. 회사 안에서나 본인 주변으로는 실수 없이 잘하지만, 당사자인 고객에게는 아무것도 해결해주지 못하거나 역으로 불안하게 만드는 경우가 생깁니다. "회사 안팎으로 조정을 거치기 전까지는 아무것도 말할 수 없습니다" 이런 태도로 고객을 기다리게 할 때, 이와타씨는 화를 냈고 나도 이런 것에는 화가 납니다(웃음).

이와타씨의
참모습

나와 이와타씨 둘이서 이야기할 때, 아무리 의견이 달라도 이와타씨가 조바심을 낸 적은 없었습니다. 단지 말수가 적어진 적은 있었지만요. 호의적으로 말하는 듯하다가 불쑥 말이 없어질 때가 있습니다. 아마 이런 경우는 나와 의견이 다를 때일 거예요.

하지만 이때 이와타씨는 논쟁을 꺼내드는 대신 생각을 합니다. 그러고는 그대로 계속 생각에 잠깁니다. 말하자면 의견의 차이가 생각의 주제가 되는 셈이지요. 그러다가 잠시 후에 "이거 문제이긴 하네요"라며 되돌아오곤 합니다. "아, 계속 생각 좀 하느라고요"라면서요, 난 뭐죠 (웃음).

이런 것이 이와타씨의 재미있는 점이었죠.

그래서 공부라고 해야 하나, 인풋에 욕심이 많았죠. 책도 그렇고, 함께 점심을 먹으러 가기라도 하면 공부가 시작됩니다(웃음). 개발 중의 다양한 한계점이나 발견 이야기를 듣고는 재미있어하다가, 다음 주쯤 점심 식사에서 "그 이야기 말입니다, 이제 알겠어요"라고 하면서요(웃음).

이러한 이와타씨의 개성은 처음 만났을 때부터 전혀 변하지 않았다고 생각합니다. 그렇죠. 정말로 변하지 않았어요.

처음 일하던 시절, 이와타씨가 HAL연구소가 있는 야마나시현에서 교토로 와서 함께 일을 하다가 한밤중이 되어 둘이서 라면을 먹으러 갔지요. 그런데 닌텐도는 기업 문화로서 접대를 안 하는 회사이기 때문에 여러 번 먹으면서도 더치페이를 합니다. 대체로 뭐든지 더치페이여서 사장과 전무가 되어서도 계속 더치페이를 했습니다(웃음). 20년간 더치페이(웃음). 이런 관계라든지 생활방식 같은 것은 쭉 변하지 않았습니다. 한밤중에요, 바보들이죠, 한밤중에 라면을 먹으며 즐거워했습니다. 뭐, 저녁

밥 금액 정도는 조금 커졌을지도 모르지만요(웃음).

뭐였을까요, 역시 친구였던 겁니다. 상사와 부하가 아니라 혼나는 일도 없고, 분쟁도 없고. 일반적인 회사 정서로는, 말하자면 나이도 경력도 후배인 사람이 먼저 사장이 되었으니 서로가 신경 쓰일 만하지만, 전혀 그렇지 않았으니까요. 이와타씨와 함께 일을 하는 한 "맞아, 저쪽이 사장으로 적합하잖아" 이런 마음으로 일했으니까요. 정말이지 좋았어요.

그러니까 진짜로 '친구가 되었다'인 셈이죠. 어느새 말이에요.

또 뭐였지, 뭐가 있으려나? 아, 집에서는 존경받는 아버지였어요, 이와타씨는요. 부러워할 만한 가족이었습니다. 부인도 상냥하고 멋진 분이고요. 그리고 운동할 시간이 좀처럼 나지 않아 사장실에 러닝머신을 놓고서 달렸습니다. 〈Wii Fit〉도 늘 사용했고요. 뭔가 간간이 떠오르는 추억은 여러 가지가 있습니다만.

나와 전혀 다른 점은, 고속열차인 신칸센을 탔을 때든지 비행기 안에서든지 이런 빈 시간을 유용하게 사용하기를 아주 좋아했습니다. 나 같은 사람은 게을러서 바로 잠들어버리지만요(웃음). 예를 들어 유럽에 갈 때, 밤에 하네다 공항을 출발하는 비행기를 타고 자면서 파리에

도착하면 아침부터 움직일 수 있거든요. 이런 일을 매우 기뻐하며 가르쳐주는 사람이에요.

그리고 회사 내에서 가끔 이와타씨를 '커비'라고 불렀던 일, 알고 있나요? 긴 회의 같은 시간에 과자가 있으면 자꾸 자꾸 먹겠죠? 그래서 모두가 '커비'라고 부르면서, 이와타씨 앞에는 많은 과자가 쌓여 있도록 했습니다(웃음).

또 재미있는 것이 절인 음식을 싫어했어요, 이와타씨는. 사실 나도 같답니다. 내 경우는 별로 주위에 알려지지 않았지만요(웃음). 그런데 이토이씨가 교토에 오면 종종 함께 밥을 먹으러 가는 식당이 있는데, 그 식당의 오이절임만큼은 나도 이와타씨도 맛있게 먹을 수 있었답니다. 이건 딱히 말할 만한 일은 아니지만, 식당에 가서는 한참이 지나서야 "이것만큼은 맛있어"라고 하기 때문에 "나도요, 나도요"라고 한다는(웃음).

이와타씨는 세상을 떠났지만 회사는 제대로 돌아갑니다. 말이나 시스템으로 여러 가지를 남겨준 덕분에 젊은 이들이 생기 넘치게 일하고 있습니다. 곤란한 일은, 내가 주말에 문득 떠올린 시시한 생각들을 월요일에 들어줄 사람이 없어졌다는 점입니다.

점심을 먹으면서 "맞아요, 그런 얘기거든요" 이러던 것이 없어졌으니 조금 곤란하다고 할까요, 쓸쓸하네요.

▶ 이토이 시게사토가 말하는 이와타씨
"모두의 행복을 실현하고자한 사람이에요"

이토이 시게사토(糸井重里)

1948년생. 카피라이터, 호보닛칸이토이신
문 웹사이트 운영. 게임 제작과 작사 등 다
방면에 걸쳐 활약.〈MOTHER2〉개발을
통해 이와타 시게루와 알게 된 후 친분을
쌓았다.

만나면 만날수록
신뢰하게 되었다

이와타씨와는 〈MOTHER2〉 개발 때 처음으로 만났습니다. 그전에는 인사한 적도, 서서 이야기한 적도 없었어요. 닌텐도 전사장인 야마우치 히로시씨로부터 "이와타씨와 만난 적이 있는가?" "꼭 만났으면 하네"라는 말을 여러 번 들었지만 좀처럼 직접 만날 기회가 없었죠. 나중에 들은 이야기지만, 야마우치씨는 그즈음 이와타씨에게도 "이토이씨와 만났으면 좋겠네"라고 여러 번 말했던 것 같아요(웃음).

그러다가 결국 〈MOTHER2〉 개발이 어려워져 꽤 고생하고 있을 때 마침내 이와타씨에게 부탁하게 되었죠. 만난 곳은 도쿄에 있는 〈MOTHER2〉를 개발하던 에이프사(APE Inc.)의 내부였습니다. 거기서 〈MOTHER2〉라는 게임이 지금 어떤 상황인지를 설명하고, 이와타씨가 어떻게 관여해 줄 것인가를 포함한 모든 이야기를 했습니다.

그러자 음, 지금에 와서 유명해진 그 말을 이와타씨가 합니다.

"지금 있는 것을 살리면서 수정해가는 방법으로는 2년이 걸립니다. 처음부터 다시 만들어도 좋다면 반년 안에 하겠습니다"

당연히 처음부터 다시 했습니다. 결국 마지막 조정까지 포함해서 1년 후에 〈MOTHER2〉는 출시되었지만, 이미 좌절했던 현장을 아는 사람으로서는 믿을 수 없는 일이었습니다. 기뻤지요.

처음 이와타씨를 만났을 때의 인상은, 어떻게 말해야 좋을까, 굉장히 느낌이 좋았습니다. 처음이지만 '이 사람의 말은 믿을 수 있겠다'라는 느낌이 들었죠.

"저도 나름대로 긴장했었습니다"라고 돌이켜보며 이와타씨는 말했지만, 전혀 그렇게 보이지 않았습니다. "지금 있는 것을 고치겠습니까? 처음부터 다시 만들겠습니까?" 이 말만 보면 거만한 느낌이 들지만, 전혀 그런 것 없이 상대방을 매우 존중한다는 느낌이 들었습니다. 뭐랄까. 도우러 온 입장이지만 이와타씨의 기술보다는 일하는 자세에 매력을 느껴, 만나면 만날수록 신뢰하게 되었지요.

그리고 이건 개인적인 문제지만 흥미로웠던 것이 이와타씨가 오자 내 마음이 긴장되었다고나 할까요, 좋은 의미에서 책임을 느끼게 되었다는 점입니다.

당시 내 본업은 카피라이터였으므로, 몇 년에 걸쳐 게임은 만들고 있었지만 어딘가에서 놀이를 하는 듯한 기분이었어요. 이게 창의적인 측면에서는 긍정적으로도 작용할지 몰라도, 프로젝트 전체가 위태로워질 가능성이 있어서요.

이와타씨는 도우러 와서, 거만하게 굴지도 않고 어이없다는 기색도 없이 싱글벙글 웃으며 현장을 재정비했습니다. 그렇지만 결코 본인이 편하게 일하는 게 아니라는 걸 누구보다 잘 알았기 때문에 나도 더욱 책임감을 가지고 해야겠다고 자연스레 생각하게 되었지요.

이렇게 해서 잘 돌아가기 시작한 것은 크게 보면 역시 이와타씨가 우리에게 희망을 주었기 때문입니다. "할 수 있다"라고 말이죠.

그 당시 이와타씨의 첫 인상은 닌텐도의 사장이 되어서도 쭉 변함이 없었어요. 어이쿠, 미야모토씨도 같은 말을 했습니까? (웃음).

모두의 환경을
먼저 조성했다

이와타씨가 〈MOTHER2〉를 재정비할 때의 일로, 또렷이 기억하는 것이 처음으로 게임 고치는 도구를 만들었던 때입니다.

반년 만에 하겠다고 선언한 이와타씨는, 혼자서 묵묵히 게임을 고쳐나간 것이 아니라 직원 모두가 게임을 고칠 수 있는 구조를 만들었습니다. 굉장히 놀라웠지요.

모두가 곤경에 처한 곳에 낙하산부대처럼 왔기 때문에 우선은 자신의 실력을 발휘하고 싶을 것 같지만, 이와타씨는 자신만이 할 수 있는 방법으로 위기를 모면하려 하지 않았습니다. 누구라도 게임의 내부에 접할 수 있는 환경을 먼저 조성했습니다. 그래서 모두가 '하면 된다'라고 생각하게 되었지요. 자신이 노력하면 된다는 생각에 모두가 정말로 기뻐했습니다(웃음).

그리고 지금은 유명해져버린, "프로그래머는 노라고 말해서는 안 된다"라는 말. 훗날 프로그래머에게 부담을 주는 말로 외따로 쓰일까 싶어 이와타씨는 걱정했습니다만 당연히 그런 의미로 말하지 않았습니다. 요컨대 "어떻

게 실현할지를 고민하는 것이 우리의 일이니까, 이토이
씨는 거침없이 하고 싶은 것을 말해 주세요" 이런 의미로
한 말이니까요. 정말로 고마웠습니다.

그리고 이와타씨는 아이디어에 대한 리액션이 좋았습
니다. 재미있는 이야기를 하는 아저씨인 내가 거친 아이
디어를 내놓으면, 기쁜 듯이 "이럴 줄은 생각도 못 했어
요"라고 답합니다. "여기까지 해야 하나요?" 뭐 이런 의
미죠.

때에 따라서는 "그렇다면 이런 것도 가능합니다" 같은
새로운 제안까지 내주기도 합니다. 그러니까 지하제국의
연출이라든가 타코케시머신[10]의 발명 같은 것들이요. 말
하는 쪽도 만드는 쪽도 모두 즐거웠습니다.

또 하나 기억하는 것은 "컴퓨터가 할 수 있는 일은 컴
퓨터가 하게 하면 됩니다"라는 이와타씨의 말입니다. 평
소 컴퓨터를 사용하는 사람에게는 당연한 말이겠지만 나
로서는 신선했습니다. 이와타씨는 "인간은 인간만이 할
수 있는 일을 하고 싶어 하니까"라는 말을 자주 했어요.
나도 정말 그렇다고 생각합니다. 이와타씨는 다분히 컴
퓨터를 잘 다루는 사람이었지만 컴퓨터를 다룰 수 있다
고 해서 다른 사람의 위로 올라서는 일은 결코 없었습니

---

10 〈MOTHER2〉에 있는 문어 모양 장애물을 없애주는 아이템.

다. 그것보다는, 컴퓨터가 편리하기 때문에 오히려 인간만이 할 수 있는 일에 흥미를 지닌 듯했습니다.

〈MOTHER2〉의 개발현장을 돌이켜보면, 이와타씨와 게임 내용에 관해 깊이 이야기했던 기억은 별로 없습니다. 아마 시나리오나 대사는 다른 곳에서 만들었기 때문에 이와타씨는 그 재료들을 조립한다는 느낌이었죠. 내가 가끔 "이런 게 하고 싶다"라고 하면, 이와타씨는 "그럼, 이렇게 합시다"라며 바로 받아주는 느낌이어서, "이래야만 한다"든지 또는 "원래 게임이란", 하는 식으로 이야기를 나눴던 기억은 거의 없습니다. 아니, 내가 기억하지 못했을 수도 있겠네요(웃음). '사람은 무엇을 재밌다고 느낄까' 같은 근원적인 이야기는 나눴었다고 생각하지만요.

개발이 밤늦도록 이어져 이제는 야마나시로 돌아가야 할 때면, 이와타씨를 자주 신주쿠역의 남쪽 출구까지 바래다주러 갔습니다. 대개는 특급 아즈사[11]를 타고 돌아갔는데, "아즈사는 흔들려요~"라고 말하면서 등산객들에 섞여 그래도 즐거운 듯이 돌아가곤 했습니다.

---

11 도쿄 신주쿠역에서 마쓰모토역까지 운행하는 특급열차. 산지가 많아 노선이 험하다.

어떤 자리에 있든 간에
조금은 동생 역할

이와타씨는 나보다 10살 정도 아래입니다만 아마도 이와타씨라면 어느 자리에 있든 간에 '자기 쪽이 조금 어리다'라는 생각을 가졌을 겁니다. 하기는 30대 초반에 HAL 연구소 사장이 되었고 닌텐도 사장이 된 것은 42세 때였으니까요.

말하자면 리더지만 어딘가 동생 같기도 했습니다. 닌텐도라는 큰 기업의 사장이 되고 나서도 어떤 면에서는 동생 역할을 맡지 않았나 싶네요. 어리다는 의미가 아니라 자신은 뒷전으로 하고 모두를 배려한다는 느낌. 그래서 무언가를 제안할 때도 명령하거나 호령을 내리는 게 아니라 "나도 생각해봤는데 이렇게 해보면 어떨까요" 같은, 이런 마음이 항상 섞여 있습니다.

적어도 나와 이와타씨 둘의 관계에서는 이런 나이 차이가 서로를 편하게 했으리란 생각이 듭니다. 뭐 이와타씨도 그렇게 느꼈을지는 모르겠지만요.

한 가지, 이와타씨의 동생다운 에피소드가 있습니다. 〈MOTHER2〉가 마침내 발매되어 뒤풀이를 하기로 했거든요. 이에 관한 논의를 하는데 이와타씨가 전에 없이 "좀 버릇없지만 한 가지 부탁해도 될까요"라고 하더군요. 뭐지 했는데, "뒤풀이에 부인(히구치 카나코[12])을 데려와 주시지 않겠습니까?"라는 말이었어요(웃음). 내 아내는 이런 자리에는 별로 나오지 않는 사람이지만, 충분히 설명했더니, "그렇다면"이라면서 참석했습니다. 이와타씨는 이렇듯 좀 어린애 같은 면도 있는 사람이었습니다(웃음).

그리고 〈MOTHER 2〉가 발매된 전후 무렵의 일이라고 생각하는데, "이토이씨의 생각을 HAL연구소 모두에게 나눠주실 수 있나요?"라는 부탁이 있었습니다. 그래서 야마나시에 있는 HAL연구소까지 중앙고속을 타고 가서 강사 노릇도 했습니다. 평소에 강연 의뢰는 모두 거절하지만 글쎄요, 이와타씨가 부탁하면 합니다.

이런 식으로 〈MOTHER 2〉 이후에도 관계는 계속 이어졌는데, 어느 날 HAL연구소의 고문이 되어 달라는 부탁을 받았습니다. 이때 이와타씨는 "먼저 나의 업무철학을 전부 이야기할 테니 이것을 듣고서 판단해주십시오"라고 하고는 내 회사에 와서 본인이 생각하는 바를 모조리 전부 이야기해 주었습니다. 나는 이와타씨가 부탁했을 때부터 이미 맡을 작정이었지만 일단 들었습니다. 이

---

12 이토이 시게사토의 부인은 일본의 유명 여배우이다.

와타씨의 이야기를요.

그것은 주로 '해피(happy)'에 관한 이야기였습니다.

생각해보니 이와타씨는 줄곧 이런 말을 해왔습니다. 그는 모두가 해피하기를 실현하고 싶었던 거지요. 자신이 해피한 것, 동료가 해피한 것, 고객이 해피한 것. '행복하게 하다'가 아니라 '해피'라는 외래어가 좋네요, 라는 말을 나도 했었던가. 이 마음은 나도 전적으로 같았기 때문에 기뻤습니다. 왠지 말이죠.

쓸데없는 것만 기억하는구나 싶지만 음, 이와타씨는요 '해피'라고 말할 때 이렇게 양손을 쫙 폈어요(웃음). 이렇게 '해피'라고 하면서요(웃음). 이런 건 잊을 수가 없네요.

그날 참 좋았는데. 둘이서만 오랫동안 이야기해서.

내내 이야기한다.
이것이 즐겁거든요

이와타씨가 닌텐도 사장이 된 후에도 나는 교토에 정기적으로 가게 되어 자주 만나곤 했습니다. 내가 교토에

갈 때는 대부분 만났고, 이와타씨가 도쿄에 올 때도 항상 회사에 들러줘서 이야기를 나누었습니다. 짧은 시간이라도 서로 일정을 조정하곤 했지요.

만나서 뭘 했는가 하면, 내내 이야기만 합니다. 오죽하면 내 아내는 "남자인데 정말이지 수다스럽다"라고까지 했어요(웃음).

예를 들어, 교토에서 만날 때는 잠깐 볼일을 보러 둘이서 시내까지 가고, 볼일을 마치고 식사를 하면서 이야기하고, 돌아와서 또 이야기합니다(웃음). 이와타씨는 이야기를 하면서 우리 집 개에게 공을 던져 주기도 하지요. 아내가 개와 산책 갔다가 돌아올 때까지도 여전히 둘이서 이야기합니다. 가장 길 때는 점심에 와서 밤 9시 정도까지 이야기하기도 합니다. 이와타씨의 부인도 신기해하지 않았을까요(웃음).

교토에서, 도쿄에서 그토록 오랫동안 무엇을 이야기했는가 하면, 글쎄요. 크게 말하면 '최근의 생각들'입니다. "이렇게 생각했거든요" 같은 것부터 시작해서 "이것은 나도 생각했습니다" 또는 "그렇다면 이렇다고 생각해요" 이런 이야기들. 그러니까 말하자면 미팅을 하는 셈이죠. 구체적인 업무는 아니지만 굉장히 진지하게 고민하기도 합니다(웃음). 격론을 벌인다는 느낌은 전혀 아니고 서로가 긍정적으로 줄기차게 이야기를 이어간다는 느낌. '저렇게 말하면 이렇게 말한다'가 아니라 '저렇게 말하면 더욱더 저렇게 말한다' 같다고나 할까. 그래서 대화가 즐겁습니다. 음, 좀 이상하죠(웃음).

신칸센 등을 함께 타면 역시 계속 이야기합니다만 나는 적당한 때에 자곤 합니다. 그런데 이와타씨는 자지 않는 사람인지라 내내 이야기합니다. 그럴 때는 이제 솔직하게 "죄송, 잘래요"라고 합니다(웃음). 그러면 이와타씨는 더는 개의치 않고 컴퓨터를 꺼내서 타닥타닥 치기 시작합니다. 이런 일이 몇 번이나 있었지요.

이 사람의 좋은 점이 수줍어하지 않아요. 허세를 부리지도 않고, 화난 듯한 자세를 취하지도 않습니다. 그래서 남자 둘이서 오랫동안 이야기해도 어색하지 않습니다. 이런 점이 이와타씨가 지닌 장점이겠지요.

말하자면, 인격을 갖춘 사람인 거죠. 남녀를 불문하고 둘이서 오래 있을 수 있는 사람 중에는 의외로 이런 사람이 많지 않을까요. 나쁘게 말하면 멋이 없는 것이겠죠.

본인에게도 말한 적이 있지만, 좋은 의미라는 전제하에 이와타씨는 '촌뜨기'입니다(웃음). 하지만 이 촌스러움이 너무 좋습니다. 이와타씨를 만난 사람이라면 이에 동의할 겁니다. "그렇다면, 자네는 촌스럽지 않은가"라고 묻는다면 나도 분명 촌뜨기일 테지요. 그러니 확실히 이런 면에서 통한다고 할까요, 보이는 모습 따위가 서로 잘 맞았던 거지요.

때때로, 계속 함께 있을 수 있는 친구란 세월 따라 변해가기 마련이지만 함께한 시간을 모두 더한다면 이와타씨와 가장 함께였지 않을까요.

아플 때도
이와타씨다웠다

병에 대해서도 이런저런 이야기를 나누었습니다.

이와타씨의 병이 발견되었을 때, 다른 사람과의 식사 약속 때문에 교토에 잠깐 머무른 적이 있었습니다. 그런데 이와타씨가 평소와 달리 "그 자리에 내가 가도 될까요?"라고 하더군요. 워낙 조심스러운 사람인지라 이런 일이 거의 없었습니다. 어쨌든 거의 가족 같은 사람과의 식사였기 때문에 나도 "그럼요. 그럼요"라고 하면서 환영했지요.

하지만 그 자리에서 이와타씨는 아무 말도 꺼내지 않았습니다. 아무래도 즐거운 자리에서는 말하기 어려웠겠죠. 그 후 내 딸의 결혼이 결정되어 교토에서 식사할 때, 마찬가지로 "만날 수 있을까요?"라고 하더군요. 거기서 처음으로 들었습니다. 병에 관한 이야기를요. 역시 전화나 문자가 아니라 직접 말하고 싶었던 거지요. 그러고는 "결혼 축하 선물은 무엇이 좋을까요?" 같은 이야기도 나누었고요.

그 후로도 여러 가지를 이야기했습니다만 음, 이와타씨답게, 치료를 위해 최대한 노력하면서도 만약의 경우를 생각하며 행동한다는 느낌이었습니다. "이런 치료법이 있습니다"라는 설명을 듣기도 했지요. 당연하지만 이와타씨는 매우 상세히 알고 있었어요(웃음). 메일을 주고받기도 하고, 병문안도 갔습니다. 잠깐 집에 돌아왔다고 할 때는 이와타씨 집에서 만나기도 했지요. 자세히는 말하지 않겠습니다만 내내 이와타씨다웠습니다. 양복 차림은 아니었지만요(웃음).

사망했을 때 부인이 나를 불러주어, 장례식 전에 조용히 누워 있는 이와타씨를 만날 수 있었습니다. 그때는 언제나와 같이 양복을 단정하게 입고 있었습니다. 지금 생각하면 역시 젊어요. 터무니없이 젊어요. 그때의 나도 지금의 나보다 좀더 젊었고, 그보다도 이와타씨는 훨씬 더 젊었으니까요.

그래도 나는 역시 '멀리 있는 사람'이었거든요. 부인이나 가족은 물론 함께 일했던 사람과는 느낌도 무게도 상당히 다르겠지요.

굉장히 인상적이었던 것은 이와타씨의 장례식 날. 비가 억수같이 퍼붓던 그날. 미야모토 시게루씨와 함께 뭔가를 기다리는 시간이 있어, 내가 문득 미야모토씨에게 물었습니다.

"이와타씨는 어느 정도의 확률로 자신이 나을 거라 생각했을까요?"라고요.

그러자 바로, 너무나 자연스럽게 "곧 완전히 나을 작정이었죠. 죽으리라는 생각은 전혀 없었으니까요"라고 말해서. '아, 이것이 가까이 있는 사람의 감각이고, 나는 멀리서 접하고 있었구나'라고 생각했어요. 가까이 있는 사람은 당연히 그렇게 느끼겠죠. 미야모토씨에게는 이와타씨의 그 마음이 제대로 통했다는 걸 절실히 깨달았습니다.

모르긴 해도, 떨어져 있으면 아무래도 눈에 보이는 것만 시야에 들어옵니다. 하지만 가까이 있는 사람에게는 '정'이라는 부분이 더욱더 생생하거든요. 미야모토씨의 답변을 듣는 순간, 질문했던 나 자신이 너무나 부끄러웠습니다. 이런 문제가 아님을 알고 있지만요.

뭐랄까, 쭉 연결되어 있는 셈이죠.

이와타씨가 살아있을 무렵과 병에 걸렸을 때와 그날 불러서 갔을 때와 미야모토씨와 이야기했을 때가, 이런 일들이 연결되어 있다니 이상한 일이지요. 교토에서 어두워질 때까지 이와타씨와 얘기를 나누던 시간과도 쭉 이어지고 있습니다.

'행복'을
늘리고자 했다

이미 오랫동안 알고 지냈으므로 이와타씨 가족과도 여러 번 만났는데 분명 좋은 아버지였지요. 돌아가시고 나서 아들이 "집에서도 좋은 아버지였습니다"라고 또렷이 말하던 모습이 인상적이었습니다. 아들이 그렇게까지 딱 잘라 말하는 아버지는 좀처럼 없거든요.

좋아하는 이야기가 있는데, 이와타씨와 아들은 닮은

데가 있어서 둘 다 생각에 잠길 때면 주변을 돌아다니는 버릇이 있다고 합니다. 그래서 각자 생각에 잠기게 되면 방안을 둘이서 돌아다니기 때문에 때때로 부딪히기도 한다고요(웃음). 가족과 함께 있을 때 부인이 이 이야기를 하니 이와타씨도 "그랬었지"라고 하면서 쓴웃음을 짓더라고요.

지금은 아들이 결혼했지만, 교제 초기에 연인과 거리를 걷는 모습을 부인이 차 안에서 본 듯합니다. 이때 아들이 '집에서는 볼 수 없었던 즐거워 보이는 얼굴'을 했지 싶은데, 이와타씨가 내게 이 이야기를 하면서 굉장히 기뻐 보였어요(웃음). 에피소드 그 자체보다도 이와타씨의 표정이 잊히지 않네요. 이와타씨는 "그토록 즐거워하는 얼굴, 나도 못 봤어요"라고 했지만, 이와타씨가 자신을 '나[13]'라고 칭하기는 드문 일이어서 꽤 흥미로웠습니다.

정말로 이와타씨는 모두의 웃는 얼굴을 좋아했지요. 닌텐도의 경영이념으로도 언급했지만. 역시 '행복'을 늘리고자 했던 사람이에요.

그리고 이를 위해 정말로 몸을 아끼지 않은 사람이었습니다. 다른 사람 돕기를 좋아하고, 매사에 '알기'를 좋

---

13 여기에서 사용된 '나(オレ)'는, 남성들이 친한 사람이나 아랫사람에게 쓰는 일본의 인칭 대명사이다.

아하고, 이를 위한 소통을 좋아하고.

그래서 미야모토씨와의 월요일 점심 식사는 이와타씨가 좋아하는 것들로 응축된 시간이었을 거예요. 우리와 고객들의 웃는 얼굴로 이어지는 아이디어에 "알겠어요"라고 하면서 이야기했을 테니까요.

도쿄에 있는 내 회사에 들를 때도 많은 아이디어와 가설과 고민들을 안고서 항상 즐거워 보이는 모습으로 찾아왔었지요. 아마 회사 대표이니 사실은 누군가와 함께 행동해야 할지도 모르지만, 언제나 혼자서 택시를 타고 여행용 캐리어를 데굴데굴 굴리며 "안녕하세요"라고 하면서. 그 톤 높은 목소리로요.

제
7
장

이
와
타
씨
라
는
사
람

모르는 것을
내버려 두지 못한다

나는 원래 '왜?'를 추구하는 것을 굉장히 좋아합니다.

어린 시절에는 백과사전을 처음부터 읽었습니다. 그래서 모르는 것끼리 연결되는 것이 재미있었어요. 이것이 내게는 보상이었지요. 모르는 것과 모르는 것이 연결되어 알아가는 일이 너무나 재미있거든요. 지금도 마찬가지예요(웃음).

의문을 느끼면 반드시 '이런 것이 아닐까'라는 가설을 세웁니다. 그리고 생각나는 데까지 패턴을 검증하여 '어떤 각도에서 생각하더라도 이것이라면 전부 설명이 된다'가 되어서야 생각하기를 멈춥니다. '이것이 답이다'라고 하면서요.

그래서 설명할 수 없는 '왜?'가 있으면 규명하지 않고는 못 배깁니다. 스스로 '이렇다'라고 생각한 것 중에 뭔가 설명할 수 없는 부분이 있으면 그 가설은 틀린 것이 되니까요. 그렇다면 뭔가 다른 이유가 있을 텐데. 다른 가설을 생각해야만 한다. 이러면서 다시 생각하기 시작합니다.

그러므로 어떤 질문에 내가 바로 답했으면, 예전에 그에 관해 생각했던 적이 있었던 거예요, 틀림없이.

이미 생각했던 적이 있어 정리가 된 것이면 그걸로 답하면 되겠지만, 정리되지 않은 과제를 들이대면 그 자리에서 떠올린 가설이라도 바로 검증을 시작해버립니다.

나는 줄곧 컴퓨터로 일해 왔기 때문에 논리에 모순이 없는 것을 좋아합니다. 따라서 처음 질문을 받게 되면 '지금 내가 하는 대답이 내가 지금까지 해온 모든 일에 일관되는가' 이것을 생각합니다.

스스로 자신감을 가지고 '이것이 옳다고 생각한다'라고 하더라도 다양한 각도에서 생각해 보지 않으면, 정확히 답할 수 없습니다.

내 안의 이러한 이치는 내가 할 수 있는 일을 구체적으로 늘려주기도 합니다.

나는 모르는 것을 내버려 두지 못합니다. 흥미를 느끼는 것은 알고 싶어집니다. 따라서 만약 내가 할 수 없는 일을 누군가는 할 수 있어서, 같은 인간인데 왜 나는 할 수 없는 것인지에 흥미를 느끼기 시작하면, 내가 할 수 있는 방법을 생각하기 시작합니다. 그리고 이것을 행동으로 옮깁니다.

그렇다고 해도 이를 악물며 엄청난 노력을 하는 정도

는 아닙니다. 조금씩 노력하면서 이로 인해 "아, 좀 알겠는걸. 재미있어"라는, 자신의 변화를 보상으로 느낄 수 있다면 계속할 수 있습니다. 하나하나는 매우 작지만, 알게 되고 이것들이 이어지기도 하면서 노력하는 일이 재미있어지면, 몸도 저절로 따라간다는 느낌입니다.

명함 속에 나는 사장입니다.

머리 속에 나는 개발자입니다.

하지만, 마음 속에 나는 게이머입니다.

On my business card, I am a corporate president.

In my mind, I am a game developer.

But in my heart, I am a gamer.

나는 꼭 당사자가 되고픈 사람입니다.

모든 일에 방관자가 아니라 당사자이고 싶습니다.

누군가에게 도움이 되거나 누군가가 좋아해 주거나

고객이 기뻐하거나,

항상, 뭔가를 가져다주는 당사자이고 싶습니다.

당사자가 될 기회가 있는데도, 그걸 알면서도,

"손을 대면 상황이 좋아질 수도 있고

뭔가를 더해줄 수도 있지만,

힘들어질 테니 하지 않겠어."

이러면서 당사자가 되지 않은 채로 있는 것이

나는 싫다고 할까, 그러지 않으면서 살아왔지요.
그러지 않으면서 살아왔기 때문에
힘들기도 했지만
재미있는 일도 많았습니다.
"후회하고 싶지 않으니 힘이 있으면 죄다 쓰려고요",
이런 느낌이랍니다.

나는 오래전부터
"내가 누군가와 일을 한다면
'다음에도 이 녀석과 일하고 싶어'라는 말을 듣게 하자",
이것이 모토였어요.
이것이 항상 내 안에 자리 잡고 있었던 셈이지요.
왜냐하면 "이제 이 녀석이라면 사양할래",
이런 말은 듣고 싶지 않으니까요.

현실에서는
고생하지 않고는 일이 잘될 리가 없습니다.
다만, 현장 직원들의 분위기가 좋았기 때문에
모두가 싱글벙글 웃으며 즐길 수 있는 제품으로
완성된 게 아닐까요.

나는 사람들이 비디오게임을 즐겨주면 기쁘지만
비디오게임 이외의 오락이 쇠퇴하기를
바라지는 않습니다.
비디오게임을 즐기기 바라지만
비디오게임 이외의 오락도
어렸을 때 경험했으면 합니다.
나 자신도 어린 시절에 다양한 놀이를
체험할 수 있어서
매우 다행이었다고 생각하니까요.

새로운 제품을 내놓을 때면
이것이 세상에 어떤 식으로 받아들여질지
너무나 떨립니다.
항상 뭔가를 낼 때마다, 그렇습니다.
두렵지요. 매번.
그러니까 모든 것을 다 하려는 겁니다.

내가 겪어온 일들이
허사였다고는 생각하지 않습니다.

이와타 사토루

1959년 12월 6일 출생. 홋카이도 출신.
도쿄공업대학 공학부 정보공학과 졸업.
대학 졸업과 동시에 HAL연구소 입사.
1993년 HAL연구소 대표이사 취임.
2000년 닌텐도 주식회사 이사 경영기획실장 취임.
2002년 닌텐도 주식회사 대표이사 사장 취임.
개발자로서 다양한 걸작 게임을 세상에 선보이며,
닌텐도 사장에 취임한 후에는
닌텐도 DS, Wii와 같은
혁신적인 하드웨어를 기획 및 제작했고
자신의 테마인 '게임 인구의 확대'에 힘썼다.

● 관련된 주요 게임
〈핀볼〉〈골프〉
〈F1 레이스〉〈벌룬 파이트〉
〈패미컴 그랑프리Ⅱ 3D 핫 랠리〉
〈별의 커비 꿈의 샘 이야기〉
〈MOTHER2 기그의 역습〉
〈닌텐도 올스타! 대난투 스매시 브라더스〉
〈포켓몬 스냅〉
〈대난투 스매시 브라더스DX〉
〈매일매일 DS 두뇌 트레이닝〉

이 사진은 이와타씨의 부인으로부터
책에 게재하기 위해 빌린 것입니다.

이 책에 게재한 이와타 사토루씨의 말은
웹사이트 호보닛칸이토이신문의 여러 콘텐츠 및
닌텐도 공식 사이트의 〈사장이 묻는다〉 시리즈에서
발췌했습니다.
각각의 콘텐츠는 아래의 페이지에서 볼 수 있습니다.

호보닛칸이토이신문 〈이와타씨의 콘텐츠〉
https://www.1101.com/iwata20150711/index.html

닌텐도 〈사장이 묻는다〉 링크집
https://www.nintendo.co.jp/corporate/links/index.html

이와타씨에게 묻다

1판 1쇄	2021년 6월 1일
1판 5쇄	2024년 6월 5일

지 은 이	호보닛칸이토이신문
옮 긴 이	오연정
펴 낸 이	김승욱
편 집	김승욱 심재헌 박영서
디 자 인	김선미
마 케 팅	김도윤
브 랜 딩	함유지 함근아 고보미 박민재 김희숙 박다솔 조다현 정승민 배진성
제 작	강신은 김동욱 이순호
펴 낸 곳	이콘출판(주)
출판등록	2003년 3월 12일 제406-2003-059호
주 소	10881 경기도 파주시 회동길 455-3
전자우편	book@econbook.com
전 화	031-8071-8677
팩 스	031-8071-8672

ISBN 979-11-89318-24-6   03320